Concentra la tua

mente

- Illumina

la tua vita

Buddismo Nichiren 4.0

Susanne Matsudo-Kiliani
& Yukio Matsudo

Copyright e liberatoria legale

ISBN 9798691640087

Sommario

Prefazione all'edizione italiana

Gli autori, dopo aver affrontato e illustrato nei due libri precedenti (serie Buddismo Nichiren 3.0 e 3.1) innovativi approcci al potere del Daimoku, e aver offerto ai lettori innumerevoli spunti ed esercizi pratici per praticare con consapevolezza e benefici, con questo primo volume della serie 4.0 del Buddismo Nichiren passano a darci conto alla luce delle più recenti teorie sulla mente, sulla preghiera, sulla luce, del potere insito nel Mandala Gohonzon, l'oggetto di culto per tutta l'umanità, iscritto da Nichiren come specchio della buddità presente in tutte le forme viventi dell'intero universo.

Confrontando l'insegnamento di Nichiren con le più moderne ricerche scientifiche, confrontandone le visioni, le scoperte e le implementazioni, ci riappropriamo ancora una volta della modernità del suo pensiero, della sua pratica e del formidabile strumento chiamato Gohonzon (dagli autori definito miracoloso); allo stesso tempo abbiamo a disposizione utili esercizi per attivare il potere della buddità nella nostra vita fuso al potere presente nel Gohonzon stesso.

Non possiamo che essere grati agli autori che, con notevole passione e dedizione, consentono anche ai lettori e praticanti italiani di poter approfondire aspetti della pratica del Buddismo Nichiren in parte ancora inesplorati dal punto di vista scientifico, ma che molti dei praticanti già conoscono intuitivamente e praticamente per averli provati come esperienza personale e benefici.

Il curatore (Nicola Fiori)

Introduzione

Il monaco buddista giapponese Nichiren istituì l'innovativa pratica del Daimoku, ovvero la recitazione del mantra Nam-myō-hō-ren-ge-kyō davanti ad un Mandala. Il suo più profondo desiderio era quello di metterci nelle condizioni di vivere come i veri creatori della nostra vita e di stabilire la pace nella società in cui viviamo. Ognuno di noi dovrebbe essere in grado di godere di una vita in cui i propri desideri vengano soddisfatti e in cui siamo liberi da qualsiasi forma di sofferenza. Ecco perché questa pratica è connotata da uno straordinario orientamento verso l'impegno proattivo per la felicità propria e quella altrui.

A livello personale, il desiderio di Nichiren è che noi creiamo la vita che amiamo. L'ottenimento dei propri desideri è espressione della nostra vera natura, ovvero aprirci ad ulteriori possibilità creative per noi stessi e per gli altri. È così che scopriamo che negare a noi stessi i desideri più profondi equivale a negare la nostra vera natura.

Nichiren ci assicura che "nessuna preghiera rimarrà senza risposta". Di fatto milioni di praticanti del buddismo di Nichiren in tutto il mondo hanno sperimentato benefici miracolosi e meravigliosi: il superamento di una grave malattia, il guadagno di una piccola fortuna finanziaria e anche la trasformazione di relazioni umane. Eppure, vi siete mai chiesti come esperienze così straordinarie siano possibili solo attraverso l'apparentemente semplice recitazione del Daimoku al Gohonzon? Abbiamo così volute ricercare il motivo per cui Nichiren avesse l'incrollabile convinzione che tutte le preghiere al Gohonzon avrebbero ricevuto risposta.

Allo scopo di realizzare i nostri desideri Nichiren ci fornisce i mezzi per ottenere l'accesso a un regno che si trova al di là della nostra vita quotidiana. Ci dice che c'è un altro mondo al di fuori della nostra realtà tridimensionale, il mondo del miracoloso, dal quale possiamo attingere recitando Daimoku al Gohonzon. Questo è un mondo in cui il cambiamento può avvenire in un istante. Nel libro *Buddismo Nichiren 3.0* abbiamo dimostrato gli "effetti sorprendenti del potere del Daimoku" mostrando i cambiamenti positivi nella nostra energia fisica; nel libro successivo, *Buddismo Nichiren 3.1* abbiamo descritto i cambiamenti delle nostre onde cerebrali. Ora cercheremo invece di chiarire il "meccanismo del miracolo", in merito al motivo per cui le nostre preghiere vengono esaudite. Per fare ciò, abbiamo iniziato una quarta serie composta da tre volumi.

Il presente libro, *Buddismo Nichiren 4.0*, è il primo dei tre volumi di questa serie, e si focalizzerà sul Mandala Gohonzon che Nichiren creò appositamente per noi, per soddisfare i nostri desideri. A questo riguardo, ne spiegheremo la struttura di base e la funzione dei suoi elementi integrati, nella misura in cui Nichiren ne ha enfatizzato il significato evidenziandoli nel Gohonzon. Comprendere la costruzione del tutto innovativa del Mandala dovrebbe aiutare ad ottenere una connessione più profonda con il Gohonzon e ad offrire quindi una conoscenza molto più profonda del suo scopo fondamentale.

Per supportare a pieno un'analisi esauriente, abbiamo ritenuto opportuno tradurre alcuni termini e concetti tradizionali buddisti nel linguaggio contemporaneo della scienza. In particolare, ci siamo concentrati su termini come "natura di Budda" ed "illuminazione". Nichiren non ha mai applicato questi concetti fondamentali a un "budda" come fosse una persona speciale. Al contrario, questi concetti sono alla base delle fondamenta stessa della vita e del mondo. È così che il termine "natura di Budda" può essere meglio inteso come "pura coscienza cosmica".

Analogamente, arriveremo a comprendere che "l'illuminazione" è intrinsecamente legata alla "luce".

Nichiren definisce la sua pratica come il 'buddismo del sole', associandolo direttamente al fenomeno della luce. Ci racconta che il Daimoku è la luce che illumina la nostra vita e trasforma la nostra sofferenza. In verità è proprio così, da un punto di vista scientifico molto moderno. Sarà infatti possibile per te scoprire la natura affascinante dell'energia che generi quando reciti. In effetti, il Daimoku irradia energia luminosa, costituita da fotoni e biofotoni.

Poiché la coscienza e l'energia della luce sono il fondamento della vita stessa e dell'universo, il meccanismo miracoloso inerente alla pratica buddista di Nichiren può venire sostanzialmente spiegato in termini di energia della luce e coscienza.

È questa stessa energia luminosa ad essere trasferita in una forma concreta, materiale, nel processo di manifestazione delle vostre visioni ed intenzioni. La ricerca dimostra come i nostri pensieri e le nostre intenzioni siano di natura energetica e consistano in un flusso di biofotoni. Di conseguenza, recitare Daimoku con un preciso intento metterà in moto questo meccanismo miracoloso, in modo da poter concretizzare la propria visione personale.

Per comprendere questo processo ti verrà chiesto di andare oltre una visione materialista della vita e dell'universo e di prestare maggiore attenzione alla dimensione energetica della realtà in cui vivi. Sulla base di questo cambio di paradigma, il termine *Myōhō* verrà definito in base a due termini distinti: energia e materia. Vedrai che il tuo stato energetico può dirti di più sulla tua condizione di salute rispetto al tuo stato fisico. Inoltre, è la tua mente che influenza il corpo. Sarai in grado di capire come lo stato mentale e l'intenzione siano fattori importanti che possono decidere il tuo destino e migliorare in modo drastico la tua vita. Riguardo a ciò, è proprio la meccanica quantistica a dirci che è "l'osservatore" in sé, con l'atto dell'osservazione, a portare elettroni e fotoni a collassare dallo stato di energia in un successivo stato materiale. Ciò dimostra come il processo di materializzazione venga innescato da uno specifico atto mentale intenzionale.

13

Ma qual è esattamente lo stato che bisogna raggiungere per realizzare i propri desideri? A questo riguardo discuteremo di coerenza cerebrale e del "potere di una mente coerente", uno dei fattori più importanti nel "ridisegnare la propria vita". Ma cos'è una mente coerente e perché è così importante?

Imparerai a conoscere il potere dell'intenzione e i modi in cui puoi usarla per modellare la tua vita. Ciò ti consentirà di rafforzare la tua intenzione di vivere in modo proattivo e fare del tuo meglio per realizzare i tuoi desideri. Attraverso la pratica intensiva di "focalizzare la mente", puoi iniziare a "progettare la tua vita" in modo proattivo e potente.

Il Gohonzon è stato anche definito come una "macchina che produce felicità". Tuttavia, per raggiungere la felicità c'è bisogno di una visione chiara e di una specifica intenzione riguardo a ciò che si vuole realizzare. Questo libro vi presenterà un chiaro progetto che vi aiuterà a predisporre la vita dei vostri sogni, mentre recitate. Questo perché la "matrice progettuale della vita" contenuta in questo libro vi aiuterà a trovare ed esprimere una visione chiara e concisa negli ambiti più importanti della vita per poterla manifestare tramite il potere del Daimoku.

Questo libro è scritto principalmente dal punto di vista di Susanne Matsudo-Kiliani, con Yukio Matsudo come co-autore, il quale ha contribuito con la sua profonda ed estesa conoscenza del Buddismo di Nichiren Daishonin.

Vorremmo ringraziare Nicola Fiori e sua figlia Lorenza Fiori per il loro straordinario aiuto nella correzione delle bozze e nella traduzione della versione inglese di questo libro. Un ringraziamento va anche a Pino Vacca per il suo prezioso con la leggibilità del testo.

Ringraziamo anche e soprattutto Traecy Berryman, che ha disegnato la copertina del libro con grande perizia e grazia raffinata (http://www.traecy.com/).

Infine, ma non per importanza, siamo profondamente grati a tutti i nostri lettori e amici, molti dei quali hanno dimostrato il loro entusiastico sostegno per il nostro lavoro con recensioni stimolanti e post calorosi, sia su Amazon che sui social media, come Facebook.

Susanne Matsudo-Kiliani e Yukio Matsudo

Capitolo 1

Nessuna preghiera rimarrà senza risposta

Perciò la preghiera di un praticante del Sutra del Loto [otterrà risposta] come l'eco risponde al suono, come l'ombra accompagna il corpo, come la luna si riflette sull'acqua limpida, come uno specchio raccoglie la rugiada, come un magnete attira il ferro, come l'ambra attrae la polvere, come uno specchio limpido riflette il colore delle cose. *Dal Gosho: "Sulle preghiere"*, RSND I, p. 302

Recitare per realizzare i propri desideri

Nel 1997 incontrai un buddista Nichiren americano che mi fece conoscere la pratica. Mi disse che avrei potuto ottenere qualsiasi cosa recitando Daimoku. Mi spiegò che avrei potuto cambiare il mio mondo interiore e migliorare incredibilmente la mia situazione, perché tramite questa pratica, potevo trasformare ogni esperienza negativa in un evento gioioso. Ero incuriosita. "Affascinante, sembra incredibile "pensai. Per la prima volta nella mia vita avevo ricevuto un reale mezzo per cambiare concretamente la mia vita. Rimasi colpita e decisi così di iniziare a recitare immediatamente.

Mi capitò più in là di sentire persone parlare di come la recitazione del Daimoku potesse essere paragonata a una "gemma che realizza i desideri" e che "i desideri mi avrebbero condotto all'illuminazione". "Aspetta un attimo!", pensai. "I nostri desideri conducono all'illuminazione?"

Fino ad allora avevo praticato una forma di meditazione tibetana e avevo capito che i desideri venivano generalmente considerati negli insegnamenti buddisti come la vera causa della sofferenza. Pertanto, consideravo qualsiasi desiderio basato sull'ego come qualcosa che doveva essere superato, e mai incoraggiato.

Questa affermazione ebbe un senso per me solo dopo aver scoperto che tale concetto era una caratteristica specifica del buddismo di Nichiren.

Sotto questo aspetto esso è completamente diverso da tutte le altre forme di insegnamento buddista. I nostri desideri possono essere la forza trainante che ci permette di vivere una vita proattiva, in quanto ci portano a recitare intensamente per creare la realtà che vorremmo vivere.

Fu proprio la recitazione del Daimoku come pratica per realizzare i nostri desideri che mi affascinò maggiormente. Ciò che veramente mi stupì quando iniziai a recitare, fu la pratica di stabilire un nuovo obiettivo e di immaginare una situazione nuova durante il Daimoku, in modo di farla manifestare e di poterla sperimentare.

Nichiren stabilì la necessità di avere una "prova concreta" di questa pratica. Era importante fissare obiettivi e definire i desideri che avremmo voluto realizzare. La recitazione del Daimoku davanti al Gohonzon potrebbe davvero aiutarmi a "collassare" e a far "materializzare" gli elettroni in una nuova realtà o esperienza nella mia vita proprio come nella fisica quantistica?

In quei momenti mi resi conto di avere desideri ben precisi di cui non mi ero nemmeno resa conto. In precedenza, ne avevo messi da parte molti perché credevo in maniera inconscia, che avrei dovuto sempre lottare duramente per ogni cosa e che le cose belle della vita fossero difficili da raggiungere.

Con l'evolversi della recitazione, tuttavia, non ero più in grado di sopprimere la forza dei miei desideri. Sono diventata più consapevole di quali fossero le mie esigenze e le mie aspirazioni.

La recitazione del Daimoku mi mostrò che ero un essere creativo. Mi resi conto che si nega la vera natura del proprio essere negando a se stessi i propri bisogni reali.

Nel momento in cui avvertii un forte desiderio verso una particolare area della mia vita, mi fu chiaro che non avrei potuto più negare a me stessa l'insoddisfazione. La voglia di cambiamento sarebbe diventata così forte che avrei dovuto per forza fare qualcosa. Ebbene, da quando cominciai a recitare notai dei profondi cambiamenti nel mio ambiente. La mia energia era stata trasformata.

La pratica buddista di recitare Daimoku ha segnato un punto di svolta dal sentirsi vittima a diventare il creatore della mia vita

Assumere l'iniziativa nella mia vita

Il mio stato vitale si era rinvigorito e portò effettivamente al presentarsi di nuove esperienze. Cominciai a notare come molti eventi mi stessero capitando esattamente come diceva Nichiren, proprio come *"una calamita attrae il ferro."* Non mi riferisco solo ad eventi piacevoli, ma anche alla consapevolezza che le persone e le situazioni che avevano un'energia non più adatta al mio nuovo stato vitale erano scomparse. Questo includeva persone, situazioni lavorative e la maniera in cui vivevo, pensavo e sentivo. Mi resi improvvisamente conto di quali amicizie non andassero più bene. All'inizio fu tutto molto doloroso: tutto ciò che mi era familiare sembrava svanire, crollare e sbriciolarsi.

Caso di studio 1:   Recitare per una bella macchina sportiva

Tutto ciò era valido anche per l'auto che avevo in quel momento. Quando iniziai a recitare, guidavo una vecchia auto che mi dava problemi: il motorino d'avviamento si rompeva almeno una volta al mese. Dovevo portarlo a riparare di continuo. Quattro settimane dopo, ebbi lo stesso problema. Mi sembrava di essere vittima di una maledizione. Ero stanca di guidare un'auto che aveva costantemente bisogno di riparazioni.

Questa insoddisfazione alimentò la mia determinazione nel cercare un'auto migliore. Così cominciai a recitare per un'auto nuova. Ne parlai con una mia amica e lei pensò che fosse una cosa strana. Più tardi fu lei a dirmi: "Beh, devo ammettere che da quando hai iniziato a recitare stanno accadendo molte cose nella tua vita". C'era in effetti qualcosa di insolito. In pochi mesi riuscii a migliorare la mia situazione finanziaria, tanto da potermi permettere proprio quell'auto che desideravo tanto. All'inizio non sapevo nemmeno cosa stessi cercando esattamente. Successivamente però, parlando con un amico e dopo numerose ricerche e comparazioni, finii per sapere esattamente che tipo di macchina volevo. Un'auto sportiva Mazda di un colore verde inglese. Questa fu esattamente ciò che finii per acquistare più in là ad un prezzo molto buono.

Io volevo un cambiamento radicale nella realtà che vivevo allora. Era qualcosa di più che essere viva e gioiosa o immaginare qualcosa di eccitante. Sognavo all'epoca di possedere un'auto sportiva e trasformai questo sogno in realtà. Compresi che l'auto era solo un derivato del mio nuovo stato vitale. Non si trattava tanto della macchina in sé, ma piuttosto del fatto che iniziassi a preoccuparmi di come mi sentivo. Recitare Daimoku mi faceva stare bene. Iniziai a irradiare una energia gioiosa nella mia vita e mi resi conto che quando mi sentivo bene, ero in grado di capire molto più velocemente ciò che volevo e molto meglio di quanto avessi potuto immaginare. Non si trattava solo di uscire e fare qualcosa di nuovo, si trattava di un nuovo stato *dell'essere*. Solo quando mi trovavo in quel nuovo stato, riuscivo a godere davvero delle cose materiali della mia vita. Mi resi conto che la felicità non consisteva nell'accumulare cose esteriori, ma fosse uno stato dell'essere che doveva essere generato dall'interno. Non si trattava solo delle manifestazioni materiali reali quanto anche della meraviglia e del piacere nel processo creativo in sé.

Tuttavia, questo era solo l'inizio e nel corso del tempo notai come la potenza e l'energia della mia coscienza, migliorando con la recitazione del Daimoku, non fece solo mutare la mia insoddisfazione per un'auto che non funzionava. Il potere del Daimoku fu in grado di trasformare positivamente e alleviare le sofferenze nel mio profondo, così come nel profondo delle altre persone.

Ho visto persone guarire dal cancro recitando Daimoku,
stabilire la relazione che stavano cercando,
ottenere un nuovo lavoro e altri meravigliosi eventi.

Recitare per gli altri

Caso di studio 2:   Pregare per mia zia malata

Capii questa cosa la prima volta che cominciai a recitare per mia zia, a quel tempo in ospedale a combattere per la vita, nelle fasi finali di un cancro allo stomaco. Un giorno sua sorella, l'altra mia zia, mi disse che in quel momento stava in uno stato pietoso. Mi ero appena avvicinata alla "recitazione per gli altri". Quella sera ci provai e recitai profondamente per un'ora per dare sollievo a mia zia. Visualizzai che si sentisse meglio e che il suo dolore si fosse infine placato. Il giorno dopo sua sorella mi chiamò per dirmi che sorprendentemente mia zia si era sentita molto meglio il giorno prima. Questa risposta mi commosse profondamente.

La mia recitazione aveva influenzato davvero il suo stato fisico? Potevo influenzare lo stato fisico di qualcun altro, anche se quella persona si trovava a 200 chilometri di distanza? Il Daimoku poteva trascendere una distanza del genere? Come poteva avere un effetto a distanza? Eravamo veramente connessi in modo così profondo?

Concretizzare la propria visione

Tornando di nuovo alla consapevolezza che la recitazione del Daimoku avrebbe potrebbe far manifestare in un attimo nuove esperienze, circostanze, cose e situazioni, dal nulla, divenni più determinata nel fare chiarezza dentro di me su ciò che desideravo per poterci lavorare. Al contempo, recitare per raggiungere i miei più profondi desideri sembrava creare un potente flusso di energia che attirava un risultato favorevole. Cominciai a rendermi conto che invisibili forze benevole e di supporto mi circondavano e mi avrebbero aiutato a raggiungere i miei obiettivi. Tutto era interconnesso. In molti casi ho avuto le più incredibili esperienze: Mi trovai, "per coincidenza", nel posto giusto e nel momento giusto per incontrare proprio le persone che sarebbero state importanti per la realizzazione dei miei desideri. Sono rimasta spesso colpita da tali eventi, che possiamo definire come una "mistica coincidenza di sincronicità". Eppure, nella mia situazione all'inizio della mia pratica era stato molto importante per me ottenere una macchina migliore e un lavoro migliore.

Caso di studio 3:   Ottenere un lavoro

Ricordo molto bene quando tornammo dal nostro viaggio in Giappone nel 2012, sentivo il profondo desiderio di tenere di nuovo dei seminari per una società la cui sede si trova poco distante da dove vivo.

Dopo aver vissuto all'estero per un po', si perdono i propri contatti di affari. Così, tornata dal Giappone, mi resi conto che avrei dovuto ricostruirli da zero. Avevo tenuto seminari in questa società prima di andare in Giappone, e nel frattempo il responsabile del personale dell'azienda era cambiato e io non conoscevo il nuovo direttore.

Un giorno recitai esclusivamente per essere in grado di tornare alla mia vecchia società e tenere seminari lì ancora una volta. Quel giorno io e mio marito andammo in città per fare un po' di shopping. Sulla via di casa ci imbattemmo in un negozio di scarpe e mio marito decise di cercarne un paio sportive. Cambiò però idea e continuammo a camminare. Avevo però la strana sensazione che saremmo dovuti tornare indietro a dare uno sguardo a quel negozio. Avevo questa sensazione fortissima che non riuscivo a spiegarmi. Mi girai improvvisamente verso mio marito e gli dissi che sarei voluta tornare indietro per guardare le scarpe. Lui disse che andava bene e siamo così tornati indietro. Sorprendentemente, in quel negozio incontrai qualcuno della società nella quale stavo provando ad entrare. Era uno dei manager che avevano frequentato i miei seminari per anni e con il quale ero sempre andata molto d'accordo. Gli dissi che ero appena tornata dal Giappone e che stavo cercando di entrare nuovamente in azienda ma che il responsabile del personale era cambiato. Sarebbe stato molto difficile contattarlo senza qualche referenza. Mi disse di contattare il responsabile del personale e mi diede il numero, dicendomi di usare lui per referenza. Fu esattamente quello che feci. Questo mi aprì la porta del ritorno in quella società.

Ci sono voluti ancora molti sforzi e pazienza, ma se non avessi incontrato questo ex partecipante ai seminari quel giorno, non sarei mai riuscita a tornare in azienda. Feci riferimento a lui quando chiamai il responsabile del personale. Coincidenze? Non sarei mai stata in grado di pianificare un incontro più semplicemente di così. Tutto ciò mi diede la profonda sensazione di essere guidata e protetta. Il mio Sé superiore era ancora una volta al lavoro.

Questo fu solo l'inizio, però. Ci vollero altri due anni prima che riuscissi finalmente a tornare in quella società. Il responsabile del personale mi rese tutto davvero difficile. Mi invitò per un colloquio e promise di chiamarmi di là a due mesi. Quando non mi richiamò, dovetti lottare per superare il mio orgoglio e la sensazione di delusione e convincermi a chiamarlo nuovamente. Mi lasciò in sospeso diverse volte, in quanto sembrava non essere molto convinto di presentare un nuovo tipo di formazione ai dirigenti dei vari reparti.

A distanza di un anno mi invitò a tenere un discorso davanti a tutti i dirigenti della società. Voleva ottenere un loro riscontro prima di potermi finalmente assumere. Dovetti resistere e perseverare senza arrendermi. Il discorso di fronte a tutti i dirigenti mi innervosiva, ma alla fine sembrò andare tutto bene. Durante quei mesi, però, dovetti tenere alto il mio stato vitale con la recitazione del Daimoku. Fu lì che capii che mettere un obiettivo e realizzare un intento non significano solo raggiungere un buon risultato. La cosa più importante è chi diventiamo noi durante tutto il processo. Siamo capaci di superare alcuni aspetti di noi stessi che normalmente ci ostacolerebbero nel raggiungimento dell'obiettivo? Ad esempio, sentirsi insicuri, mancare di perseveranza o avere sempre gli stessi dubbi angosciosi. La sincronicità che avevo sperimentato mi diede la possibilità di avere un lavoro ma dovevo anche lavorare su come sviluppare più pazienza e perseveranza. Ci vollero due anni, alla fine, per ottenere il contratto. Ancora a desso mi occupo di tenere con regolarità seminari in quella società.

Molte esperienze come questa mi hanno fatto capire che era stata la mia chiara intenzione e determinazione interiore in realtà a trasformare non solo me stessa nel profondo, ma anche le corrispondenti circostanze esterne.

Dopo aver avuto la possibilità di realizzare i tuoi desideri, verrai messo alla prova sia nel recitare Daimoku, sia nel dare il meglio per realizzare il tuo obiettivo

Daimoku è il fondamento della vita quotidiana

C'era anche un altro aspetto del recitare Daimoku che mi risultava completamente nuovo. In precedenza, non avevo mai collegato la mia vita quotidiana alla meditazione. Ora mi era stato detto, invece, di considerare il mio lavoro come parte della mia pratica buddista. Tutto ciò che vivevo quotidianamente era parte della mia pratica. Questo aspetto, "considerare il lavoro e la vita quotidiana come pratica buddista", fu chiaramente definito da Nichiren nel seguente Gosho:

> Così come stai vivendo, tu pratichi il Sutra del Loto ventiquattro
> ore al giorno. Splendido! Considera il servizio al tuo signore
> come la pratica della del Sutra del Loto. Questo è il significato
> di *"nessuna cosa che riguardi la vita o il lavoro contrasta in al-
> cun modo con la vera realtà"*
> Spero che rifletterai a lungo sul significato di questa frase.
>
> *Risposta a un credente*, RSND I, p. 804

Il destinatario di questa lettera era un samurai, Shijo Kingo, che
stava servendo il suo signore ed affrontando una situazione difficile, presumibilmente perché lui aveva abbracciato il nuovo insegnamento di Nichiren. In questo contesto, Nichiren gli consigliò di
considerare il servizio al suo signore come la pratica buddista, il
che equivale a gestire il proprio lavoro secondo la recitazione del
Daimoku. La pratica di recitare Daimoku dovrebbe essere considerata la base di qualsiasi questione mondiale, compresa la pace
nel paese in cui si vive. Nichiren lo sottolineò in questo modo:

> Se il cielo è sereno, la terra è illuminata. Similmente, se si cono-
> sce il Sutra del Loto si può comprendere il significato degli affari
> di questo mondo.
> Dal Gosho *"L'oggetto di culto per l'osservazione della mente"*
> RSND I, pag. 336

Recitare Daimoku è il fondamento su cui basare

Purificare I 6 sensi

Ci sono in realtà molti "benefici (*kudoku*)" che otteniamo attraverso la pratica della recitazione del Daimoku. Tra questi benefici,
sono stata particolarmente affascinata dal principio della "purificazione dei sei sensi". Questo tipo di beneficio è esplicitamente
menzionato nel capitolo 19 del Sutra del Loto, intitolato "I benefici
del Maestro del Dharma".

Riguardo a questo genere di beneficio Nichiren ha spiegato:

> coloro che recitano Daimoku stanno portando avanti la purifi-
> cazione dei sei organi di senso.
> Cfr. OTT (The Record of The Orally Transmitted Teachings):
>   147 e sg.

Tuttavia, mi chiedevo: quale significato può avere questo tipo di beneficio o di merito nella realtà quotidiana della nostra vita ordinaria? Poi ho capito che questo aspetto è davvero molto rilevante per la felicità, perché influenza il modo in cui ci si sente dentro e come si percepiscono le proprie circostanze particolari.

Infatti, gli oggetti che ci circondano non si vedono mai come sono in realtà, poiché ciò che vediamo è sempre filtrato da concetti e disposizioni che si trovano nella coscienza del nostro Io. Ciò che vediamo viene ulteriormente distorto da passate esperienze emotive irrisolte. Essenzialmente da tutto ciò che abbiamo vissuto. Ho potuto osservare questo fenomeno in una donna che conosco, la cui madre è morta quando era una ragazza molto giovane. Deve essere stato un evento così traumatico che da donna adulta non si fida mai di nessuno. Si mostra sempre molto scettica e dubita di ciò che qualcuno dice. Non appena iniziata un'amicizia va a cercare sempre qualche difetto che l'altra persona potrebbe avere, oppure qualche debolezza o insicurezza. In questo modo dimostra a se stessa che non può mai fidarsi di nessuno. Dall'esterno, però, mi rendo conto chiaramente di come sia afflitta da una percezione distorta delle altre persone, cosa che la rende davvero infelice.

Se la vostra mente è illusa e confusa sotto l'influenza del karma passato, tutto verrà letto secondo un tale modello di percezione. Si sente ciò che si vuole sentire e si potrebbe fraintendere ciò che qualcun altro sta dicendo. Se si ha la tendenza a preoccuparsi continuamente, ad esempio, questa inclinazione impedisce di godersi la vita e tutti i vantaggi evidenti che si possono ottenere da una nuova auto, una nuova casa, un nuovo lavoro o una nuova relazione. Un beneficio invisibile si ottiene quando ci rende conto che niente è più in grado di farci preoccupare perché si è arrivati ad avere una profonda fede nel Gohonzon e si sa che ogni situazione si può trasformare positivamente.

Recitare Daimoku davanti al Gohonzon non significa solo soddisfare i propri desideri o trasformare una particolare intenzione in realtà. Non ha senso esaudire i propri desideri se non si può godere di ciò che si è raggiunto. Ricordate le nostre misurazioni che hanno rivelato un enorme incremento nel campo energetico intorno al corpo dopo aver recitato? Questa è la forza vitale creativa che attraversa il nostro campo energetico dopo aver recitato Daimoku. Da un punto di vista energetico, desideri ed intenzioni hanno bisogno di incanalarsi in questa forza vitale creativa per poter essere portati nella realtà. Energeticamente parlando, per così dire, questo flusso può essere bloccato dall'energia alterata o dissipata dovuta alle diverse esperienze emotive irrisolte.

Secondo il fisico tedesco Dr. Michael König, che sta studiando il rapporto tra mente e materia, l'afflizione, il dolore, la disperazione, i dubbi, la negazione di sé o la sensazione di sentirsi in trappola, tutto questo può portare al blocco del flusso all'interno del campo energetico, bloccando la manifestazione dei propri desideri e intenzioni. Fondamentalmente dipende da voi quanto impedite alla forza vitale dell'energia creativa di pulsare al vostro interno. La recitazione del Daimoku può dissolvere questi blocchi energetici. Io ne faccio esperienza quando mi apro completamente, permettendo all'energia creativa del Daimoku di fluire attraverso il mio corpo e il campo di energia, purificando i miei abituali blocchi emotivi. Quando accade questo, posso nuovamente provare ancora una volta quell'emozione originale, che tuttavia si dissolve in seguito.

Di conseguenza, se hai la tendenza ad essere depresso, a sentirti solo o a rinchiuderti dentro te stesso, non puoi goderti una nuova casa, una nuova amicizia o un nuovo lavoro. In questo caso, ripulire i sensi è veramente il più grande beneficio del Daimoku, ancor più che soddisfare qualsiasi desiderio o intenzione specifica. L'ho visto chiaramente con dei nostri amici. Possiedono davvero tutto ciò che si possa immaginare e per cui varrebbe la pena recitare. Lui con un lavoro fantastico da più di 10.000 € al mese, hanno una casa meravigliosa con piscina, bambini adorabili, due auto, una cerchia di amici solidali, una grande famiglia. Eppure, lui è sempre insoddisfatto, esausto e depresso, si tiene a distanza dalla propria famiglia e si sente solo ed infelice. Tutto ciò che possiede non lo sta veramente soddisfacendo. Questo esempio mi ha mostrato come la felicità sia un lavoro interiore e che dipende dall'essere connessi con questo rinvigorente flusso dell'energia vitale. Mi ha mostrato inoltre quanto sia importante pulire i propri sensi attraverso il Daimoku, per godersi davvero i benefici ottenuti attraverso la recitazione.

A volte può accadere di recitare per qualcosa e che nulla si concretizzi. Spesso in questi casi ho realizzato che, probabilmente, ciò che desideravo non era la soluzione migliore per me. Comunque, alla fine, la mia percezione della realtà risultava più chiara e focalizzata e vivevo di nuovo il mondo come un posto sicuro e meraviglioso, sentendomi molto meglio di prima.

Così, la purificazione dei sei sensi è il mezzo per ripulire l'energia stagnante da quelle emozioni irrisolte bloccate nel nostro campo energetico. Significa pulire il campo energetico da vecchie ferite che distorcono la percezione e bloccano il processo di manifestazione dei desideri e delle intenzioni. Questa è l'unica cosa che può garantire una vita felice.

Solo quando la tua percezione sarà libera da traumi del passato, depressione o eventi dolorosi, potrai davvero apprezzare e godere profondamente di tutte le belle occasioni e relazioni nella tua vita.

Quando esprimiamo chiaramente ciò che vogliamo, le nostre intenzioni e i nostri desideri, possiamo ottenere sia un beneficio visibile, chiaramente evidente, sia un beneficio incospicuo, latente, invisibile. La purificazione dei sei sensi può quindi essere vista come un beneficio incospicuo, che gioca un ruolo decisivo nella creazione di una vita felice e soddisfatta. Questo tipo di beneficio può portare anche a molte meravigliose esperienze.

> Riguardo alle preghiere, vi sono preghiere visibili con risposte visibili, [...] preghiere invisibili con risposte invisibili, [...]. Tuttavia, la cosa essenziale è che, se hai fede in questo sutra, tutti i tuoi desideri si realizzeranno nell'esistenza presente e in quella futura.   *Lettera al prete laico Dōmyō*, RSND I, p. 665

Questo aspetto della purificazione dei sei sensi è anche un'indicazione di quanto profondamente gli effetti della pratica influenzano il nucleo della nostra vita. È un processo che avviene costantemente mentre ci sforziamo di soddisfare i nostri desideri. In tal modo, sviluppiamo buona fortuna e le migliori condizioni per goderci la vita che vorremmo. Come afferma Nichiren nel passaggio della lettera, il punto essenziale per realizzare i nostri desideri è credere nel potere della recitazione del Daimoku al Gohonzon.

La tua visione si concretizza rapidamente

Dopo molti anni di recitazione mi sono accorta di avere concretizzato molte intenzioni e desideri che avevo tenuto ben presenti nella mia mente mentre recitavo. A differenza dell'opportunità di lavoro su cui mi sono dovuta impegnare per due anni, ho sperimentato di recente un diverso caso in cui ciò che avevo chiaro in mente è diventato reale molto rapidamente.

Caso di studio 4:   Un regalo inaspettato

> Viviamo in una casa a tre piani e la cucina principale si trova nella sala da pranzo a piano terra. Il piano superiore viene utilizzato principalmente per lavorare a casa, mentre vi è uno spazio aggiuntivo per una seconda cucina; il piano superiore stesso può quindi essere trasformato in un discreto appartamento.

Dal momento che non abbiamo bisogno di una seconda cucina, questo spazio al piano superiore è sempre rimasto vuoto. Tuttavia, tutto ciò ha reso il piano superiore poco confortevole, come se risultasse incompleto.

Un giorno dopo aver recitato Daimoku, sono passata di lì e ho pensato: "Sarebbe davvero bello se qui ci fosse una cucina. Ciò renderebbe l'intero spazio più accogliente." Non mi piacciono le cucine in stile moderno, ho sempre amato la cucina rustica e bianca. Questo tipo di cucina, tuttavia, è molto costoso perché di solito è realizzato in legno massello e non con pannelli di compensato. Pertanto, ritenevo che avere un'altra cucina costosa al piano di sopra fosse semplicemente una bella idea, ma non realizzabile.

Esattamente il giorno dopo, ricevemmo una chiamata dal nostro artigiano vietnamita che ci aveva aiutato a ristrutturare la casa quell'estate e che era diventato nostro buon amico. Ci chiese se fossimo interessati ad una cucina, poiché uno dei suoi clienti avrebbe sostituito il suo vecchio modello con uno completamente nuovo. Pensai tra me e me: "Sembra fantastico, ma non penso che daranno via proprio una cucina bianca in stile country". Tuttavia, mio marito gli chiese di inviarci alcune foto della cucina. Ed è quello che fece.

Quando vidi la foto sul telefono di mio marito, non potei credere a ciò che stavo vedendo: una cucina bianca in stile country! Mi resi conto che la coscienza cosmica, una mente superiore, aveva reagito quasi immediatamente all'immagine nella mia testa. Nel giro di pochi giorni il nostro amico ci portò la cucina, la rinnovò ed installò per noi. Mi sembrava di avere visto questa cucina già realizzata.

La cucina country bianca che ci venne presentata

Queste sono alcune mie esperienze di benefici (beneficio: *kudoku*), come risultato della recitazione del Daimoku. Quando ci penso, mi viene in mente come ogni volta mi sia dovuta sfidare a superare l'atteggiamento passivo di sentirmi scoraggiata o vittima. Mi sono impegnata con decisione nell'esprimere proattivamente i miei desideri e, di conseguenza, nel dare forma alla mia vita. Questo processo richiede di liberarsi da abitudini limitanti e da una mentalità pessimista. Sono giunta infine alla conclusione che è il significato principale della frase "i desideri conducono all'illuminazione".

Esercizio

Qual è il beneficio più importante che hai ricevuto da quando hai iniziato a recitare Daimoku?

Rispetto a cosa hai ricevuto questo beneficio?

Dove e quando hai ricevuto questo beneficio?

Qual è stato il processo di realizzazione?

Qual era la situazione di partenza?

Quanto ti sei impegnato e qual è stata la sfida che hai dovuto superare?

Qual è stato il risultato?

Che cosa hai imparato da questa esperienza?

_____

Capitolo 2
Le visioni creano la realtà

Ho capito che quando recitiamo Daimoku maturiamo attraversando diverse fasi, lungo un percorso di progressivo sviluppo. A volte una visione impiegherà un solo giorno per emergere, a volte ci vorranno settimane o mesi prima che ci rendiamo conto di essa. Altre volte ancora ci vorranno anni prima di cambiare un aspetto interiore, cosicché la nostra visione possa diventi realtà.

Mi sono resa conto che le immagini presenti nella mia mente hanno la tendenza a diventare spontaneamente realtà, alcune più in fretta e altre più lentamente. Mi sono chiesta, allora, quale fosse il motivo per cui alcune apparissero più lentamente ed altre da un giorno all'altro. In particolar modo ho preso più consapevolezza di questo aspetto lo scorso anno, quando l'esatta immagine che avevo chiara nella mia mente divenne realtà quasi alla lettera.

Mi spiego meglio: odio davvero il freddo e soprattutto il grigiore, la nebbia, il freddo e l'umido che tendono ad essere prevalenti in Germania d'inverno. Il mio sogno era quello di fuggire da questo ambiente freddo e di andare in un paese caldo. Devo ammettere che stavo anche cercando relazioni umane più calorose, dato che le persone in Germania tendono più alla concretezza che all'emotività. Percepivo una mancanza di calore in generale.

Per coincidenza, questa foto si trovava sulla scrivania accanto al mio *butsudan* (altare buddista). La meravigliosa immagine di una spiaggia con sabbia bianca, in grado di ispirarmi ogni volta che recitavo. Nel momento in cui guardavo quell'immagine, ero quasi in grado di percepire le sabbia bianca sotto i miei piedi e il sole caldo

sul mio corpo. Poi improvvisamente le cose cominciarono a prendere una direzione molto particolare. Coincidenze e sincronicità ci attrassero verso il Messico.

A febbraio eravamo già stufi del tempo nuvoloso ed uggioso in Germania e all'inizio pensammo di volare in Thailandia per poterci rilassare e raccogliere nuove energie sotto il sole.

Tuttavia, all'incirca nello stesso periodo, mio marito Yukio ricevette una richiesta di amicizia su Facebook da un vecchio amico giapponese che vive a Città del Messico. Aveva studiato in Germania quasi 30 anni prima e conosceva Yukio molto bene. Cominciarono così a comunicare via *Messenger* e l'amico si offrì di tradurre i nostri libri in spagnolo perché voleva contribuire a Kosen-Rufu, la propagazione di Nam-myō-hō-ren-ge-kyō, per promuovere la pace nel proprio paese e nel mondo. Suo figlio è un traduttore professionista e accettò di intraprendere questo compito, iniziando a tradurre i nostri libri. Il vecchio amico di Yukio ci invitò anche a stare con lui nella sua casa a Città del Messico.

Contemporaneamente, mia cugina Sandy della California aveva programmato di trascorrere una vacanza con il marito e alcuni amici nella zona turistica di Cancún in Messico. Quindi, per entrambi questi motivi, decidemmo di punto in bianco di volare in Messico per incontrare Sandy e l'amico di Yukio. Tutto si stava sistemando al meglio, anche se avevamo deciso istintivamente di fare questo viaggio con brevissimo preavviso. Ogni cosa era collegata al resto.

Arrivati nel nostro albergo a Cancún, rimasi molto sorpresa. Improvvisamente mi accorsi che il mio sogno era diventato realtà. La spiaggia e la zona circostante sembravano molto  simili all'immagine che avevo sempre avuto accanto a me mentre recitavo nel corso dei mesi precedenti.

Come si può vedere dalla foto, scattata dal nostro hotel a Cancún, la sabbia era esattamente come quella che vedevo tutti i giorni sul calendario. Sabbia bianca e soffice, cielo azzurro; la spiaggia e persino le palme sembravano uguali a quelle del calendario.

Era come se qualcosa o qualcuno mi avesse attirata in Messico, per poter sperimentare davvero l'immagine che avevo continuamente tenuto nella mia mente mentre recitavo.

Sii fedele a te stesso

Nel corso degli anni mi sono accorta che per molte persone non è così facile realizzare ciò che realmente vogliono. A volte questa è la cosa più difficile di tutte. Ho capito che alcune persone in realtà si sentono in difficoltà riguardo ai propri desideri, o in colpa quando improvvisamente cominciano a provare più gioia o felicità nella loro vita: la paura può bloccare a volte questo nuovo gioioso stato vitale. Più ne ricevi, più ne ricevono tutti gli altri: più ne riceverai, più risorse avrai per aiutare gli altri e per condividerle con loro. In definitiva, comunque, ho capito chiaramente che è particolarmente importante essere nel giusto stato d'animo mentre si recita. Facevo affidamento solo sul mio ego, attingendo esclusivamente alla mia forza di volontà? Oppure durante la recitazione, mi affidavo al potere di un'intelligenza universale? Ma per cominciare devi davvero sapere che cosa desideri effettivamente.

Molte persone spesso si lamentano per ore e ore con me di essere insoddisfatte del luogo in cui vivono, del proprio partner o del proprio lavoro. Mi parlano di come la propria situazione finanziaria li porti ad una frustrazione giornaliera. Altri sono disperati perché non hanno un lavoro o non riescono a trovare un partner. Nel momento in cui pongo la domanda "Che cosa vuoi in questo momento?" ho spesso potuto notare che è proprio quello l'istante in cui, in fondo, molto spesso, hanno paura di avere desideri concreti.

> Una chiara visione può produrre una nuova realtà.
> Ma se non osi mai articolare una specifica visione,
> è come se non dicessi al tassista
> dove vuoi andare esattamente.

Caso di studio 5: Non potevo nemmeno concepire di avere successo

Anche le persone che recitano da anni a volte hanno difficoltà a riconoscere i loro desideri più profondi. Una volta, durante un nostro seminario, abbiamo fatto un esercizio sul tema del successo. Si scoprì che uno dei partecipanti non era nemmeno in grado di immaginare di avere successo. Appena ci ha pensato, tutti i suoi dubbi e le sue convinzioni negative sono venuti a galla come se fossero scatenati in profondità dalla parola stessa "successo". Nel profondo, si sentiva in colpa provando ad immaginare di poter diventare una persona di "successo". Si rese conto che le convinzioni con cui era cresciuto erano quelle relative alle "persone di successo" come "negative" o "disoneste e corrotte". Così, si sentiva in colpa alla prospettiva di diventare ricco e di successo. Un'altra persona rispose invece, con ferma convinzione: "Beh, le persone buone e spirituali dovrebbero essere umili e povere, mai di successo e ricche". Tutte queste credenze distorte in realtà non facevano che impedire loro di vedersi affermati.

In fondo la loro "preghiera", ovvero i loro più profondi desideri ed intenzioni, non avrebbe mai potuto tollerare il solo pensiero di avere successo, in quanto essi stessi ritenevano che una persona affermata non avrebbe potuto mai essere una brava persona.

Sebbene recitassero da molti anni, stavano negando ogni gioia alla propria vita e non erano felici in famiglia. Di conseguenza c'era il bisogno che diventassero consapevoli della negatività delle loro credenze abituali, interiorizzate sin dall'infanzia. Dovevano imparare ad essere più onesti con se stessi e ad apprezzare e coltivare il profondo desiderio di diventare veramente affermati e felici, non solo per sé ma anche per la propria famiglia.

Caso di studio 6:   Non mi è permesso di essere onesto
                     con me stesso

Durante un altro seminario che presentavamo, eravamo soliti condurre esercizi che avevamo formulato anche nei nostri libri. Abbiamo chiesto ai partecipanti di dirci ciò che avrebbero voluto veramente realizzare nella loro vita. Un partecipante, di nome Stefan, ci disse che sarebbe stato molto egoistico concentrarsi sui propri desideri e sul proprio volere, senza prima considerare anche i bisogni ed i desideri della sua famiglia o di altre persone. Più tardi, mentre passeggiavamo insieme nella foresta vicino a casa nostra, Stefan crollò improvvisamente ed espresse sentimenti a lungo repressi. In quel momento sapeva esattamente cosa *non* volesse più. "Io non voglio più vivere in città", urlò. "Sono stufo della casa in cui vivo - è così fredda in inverno. Voglio solo uscire da tutto questo".

Più tardi, Stefan ammise che temeva di perdere sua moglie se avesse espresso chiaramente i propri desideri e sentimenti, perché sapeva che sicuramente lei non avrebbe voluto lasciare la casa né la città in cui vivevano.

Stefan stava davvero affrontando un dilemma. Pensava che se non avesse soddisfatto le aspettative di sua moglie alla fine si sarebbero lasciati. Tuttavia, alla fine il suo falso compromesso portò esattamente a ciò che aveva temuto di più. Sua moglie lo lasciò e il suo matrimonio fallì. Sua figlia ne fu pesantemente colpita a livello psicologico. Nessuno di loro rimase soddisfatto della loro situazione.

Ho imparato molto da questo episodio. Mi divenne molto chiaro che l'attenzione dovrebbe essere focalizzata su ciò che si vorrebbe davvero vivere, su ciò che si desidera e che ci rende felici e non su ciò di cui non si è soddisfatti o non si desidera. Bisogna essere onesti con se stessi.

Recitare Daimoku consente veramente di diventare onesti
con se stessi e di smettere di rinnegarsi.
È necessario mantenere una visione chiara.

Dall'interno verso l'esterno

Significava forse che avrei potuto trasformare i miei desideri interiori e le mie intenzioni in realtà? Che avrei potuto cambiare il mio mondo esterno mutando prima quello interiore?

A volte le persone cercano di cambiare la propria realtà mentre interiormente rimangono le stesse. Ma questo non è possibile. Possiamo ottenere cose nella nostra vita solo attraverso la concentrazione mentale, ma non riusciremo mai a trattenerle se non superiamo il nostro limitato piccolo io e ampliamo la consapevolezza, permettendo a noi stessi di aprirci ed evolverci. Questo riguarda la pratica del Daimoku. Dopo aver raggiunto molti obiettivi, mi sono accorta che in fondo non si trattava di una nuova auto, la ricchezza, la salute, un nuovo lavoro o una relazione, piuttosto di chi siamo diventati durante il processo. Quale aspetto di noi stessi dobbiamo superare per raggiungere e mantenere ciò che abbiamo raggiunto? Quanto possiamo espandere la nostra coscienza ed elevare il nostro stato vitale? Fino a quel momento, avevo sempre pensato il contrario. Avevo pensato che una volta trasformatasi la mia realtà esterna, una volta avuto un nuovo lavoró o una bella vacanza o una particolare casa o relazione, allora il mio mondo interiore sarebbe cambiato e sarei stata felice. Tuttavia, Daisaku Ikeda ci insegna esattamente il contrario:

> Quando cambiamo, il mondo cambia. La chiave di ogni cambiamento è nella nostra trasformazione interiore: un cambiamento dei nostri cuori e delle nostre menti. Questa è la rivoluzione umana. Tutti abbiamo il potere di cambiare. Quando realizziamo questa verità, possiamo produrre quel potere ovunque, in qualsiasi momento e in qualsiasi situazione.
>
> *La Rivoluzione umana*

Non avevo capito che questa affermazione dovesse essere presa alla lettera.

Esercizio

Come sarebbe la tua vita se non avessi desideri, sogni e obiettivi?

_____

Proprio in questo momento – cos'è che vuoi veramente? Cosa ti piacerebbe vivere?

_____

Cerca di ottenere chiarezza su ciò che desideri realmente - immagina un anno da oggi – come te lo immagini?

_____

Cosa ti piacerebbe lasciar andare?

_____

E come ti sentirai?

_____

C'è qualcosa che vorresti ottenere davvero, ma in fondo pensi di non poter raggiungere?

_____

Riesci a fidarti completamente della coscienza cosmica per arrivare alla realizzazione dei tuoi desideri?

_____

Tutto dipende dalla nostra fede

A volte mi sono chiesta perché qualcosa per cui avevo recitato non si fosse manifestata. Anche Nichiren deve essersi confrontato con questa domanda. Tuttavia, egli aveva una risposta chiara. Nichiren dichiara che nessuna preghiera di un praticante del Sutra del Loto rimane senza risposta. Spiegò inoltre l'aspetto essenziale, necessario a realizzare desideri e intenzioni attraverso la recitazione: solo la nostra fede determina se le nostre preghiere saranno esaudite.

> [...] se la tua preghiera avrà risposta oppure no, dipende dalla tua fede. Non è assolutamente colpa di Nichiren [se non ottieni risposta].
> Quando l'acqua è limpida, la luna vi si riflette [...] La nostra mente è come l'acqua: una fede debole è come l'acqua torbida, una fede risoluta è come l'acqua limpida.
> *Risposta alla suora laica Nichigon*, RSND I, pag. 957

La suora laica Nichigon aveva inviato offerte a Nichiren e gli aveva chiesto di pregare per i suoi desideri. Egli condusse un cerimoniale rituale che includeva la recitazione del Daimoku di fronte al Mandala Gohonzon e "lo riferì alle divinità del sole e della luna". Quindi, le diede una guida, affermando che avrebbe dovuto assumersi la piena responsabilità di realizzare i propri desideri sviluppando una "fede pura". Nichiren consigliò allo stesso modo Nichigennyo, la moglie di Shijō Kingo, di sviluppare una "forte fede".

"Quanto alle preghiere di tua moglie, penso che, benché ella non dubiti del Sutra del Loto, la sua fede sia debole. Ho riscontrato che anche le persone che sembrano credere esattamente come insegna il sutra, in realtà possono non avere affatto una forte fede [...] Il

Una forte fede è come un solido arco con una corda resistente

fatto che le sue preghiere non abbiano ottenuto risposta è paragonabile ad un forte arco con una corda debole o a una buona spada nelle mani di un codardo. Non è certo colpa del Sutra del Loto." *Il palazzo reale*, RSND, I, pag. 433

Capitolo 3
Il gioiello che esaudisce i desideri

L'incrollabile convinzione di Nichiren nel potere del Daimoku

Ho un ricordo molto vivido della donna con la quale recitavo spesso agli inizi della mia pratica ad Heidelberg nel 1997. Era riuscita ad affrontare la sclerosi multipla e molti altri problemi di salute recitando Daimoku. Mi restò impressa proprio perché aveva messo la pratica buddista basata sul Gohonzon al centro della sua vita. Un giorno, mentre le davo un passaggio in auto, abbiamo discusso delle nostre esperienze con il Daimoku. A quel tempo stavo recitando da alcune settimane per ottenere un nuovo lavoro, ma questa cosa non si era ancora concretizzata. Mi sentivo impaziente e le chiesi perché il mio desiderio non fosse stato ancora esaudito. All'improvviso, cambiò espressione e divenne molto seria; non dimenticherò mai il modo in cui mi rispose: "Tutti i desideri di un praticante del Sutra del Loto saranno realizzati, a volte ci vogliono mesi o anni, ma una risposta arriverà!" Le chiesi cosa la rendesse così sicura di ciò e chi l'avesse detto. Mi disse che Nichiren stesso aveva scritto questo in uno dei suoi Gosho. Volevo assolutamente leggerlo.

> Anche se può accadere che uno miri alla terra e manchi il bersaglio, [...]o che il sole sorga ad ovest, non accadrà mai che la preghiera di un praticante del Sutra del Loto rimanga senza risposta. *Sulle preghiere*, RSND I, p. 306

In effetti, in questo Gosho Nichiren ci assicura l'assoluto potere del Daimoku di realizzare qualsiasi preghiera. In questo senso egli considera il Daimoku come un magnifico "gioiello che esaudisce i desideri", soddisfacendo tutti i desideri che un praticante del Sutra del Loto potrebbe avere.

> *Myō* vuol dire "pienamente dotato", che a sua volta significa "perfetto e completo". [...] È come una goccia del grande mare che contiene in sé tutta l'acqua di tutti i fiumi che vi sfociano e come il gioiello che esaudisce i desideri che, sebbene non sia più grande di un seme di senape, è in grado di elargire a profusione tutti i tesori di ogni gioiello che esaudisce i desideri.
>
> *Il Daimoku del Sutra del Loto,* RSND I, p.128

Sono rimasta spesso profondamente stupita dalla ferma convinzione di Nichiren sul potere meraviglioso del Daimoku. Come afferma questo Gosho, un significato di "myō" è di "essere pienamente dotato"; questo sta a indicare che qualsiasi cosa tu voglia creare, in realtà esiste già. È solo necessario aprire la Torre Preziosa e attivare il gioiello che esaudisce i desideri recitando Daimoku.

Il Gohonzon è un certificato di garanzia che
garantisce la realizzazione di tutti i possibili desideri

Lavorare insieme al potere cosmico

All'inizio della mia pratica mi sono chiesta se questa situazione ricordasse la lampada magica di Aladino. Si trattava di magia? Stiamo sperando in qualche forma di intervento divino che porti ad un miracolo? O è piuttosto il nostro potere e il nostro sforzo a portare alla realizzazione dei nostri desideri?

Nel tempo ho imparato che la filosofia buddista di Nichiren offre una via di mezzo, nel senso che noi facciamo un determinato sforzo (potere interno) e allo stesso tempo otteniamo il sostegno da una forza più elevata di noi (potere esterno).

Daisaku Ikeda caratterizza questa caratteristica specifica della pratica buddista di Nichiren come segue:

> La meditazione seduta zen è un esempio del tipo di pratica *jiriki*, o "potere interno" (auto-determinazione), che non invoca alcuna verità assoluta, o essere assoluto, al di là di se stessi. Al

contrario, la recitazione del Nembutsu, incentrata sul Budda Amida al quale ci si rivolge per la salvezza, è un esempio dell'approccio *tariki*, o "potere esterno".

Attingendo dagli insegnamenti del Sutra del Loto, Nichiren dichiarò che fosse più saggio non dipendere troppo né dall'uno né dall'altro. La recitazione di Nam-myoho-renge-kyo di Nichiren è una pratica che ci porta a scoprire un potere e una saggezza che esistono dentro di noi e che allo stesso tempo ci trascendono. Essa comprende aspetti di entrambe le pratiche fondate sul potere interno e sul potere esterno.

*Da un'intervista pubblicata sulla rivista buddista **Tricycle*** (Inverno 2008).

È possibile trovare questo concetto nel Gosho riassunto qui di seguito:

[Praticare il Sutra del Loto oggi include entrambi gli aspetti del potere interno e del potere esterno, perché la propria vita è dotata della buddità di tutti gli esseri.]
Cfr. *Il significato dei sacri Insegnamenti della vita del Budda,*
RSND II, p. 63

Ogni volta che recitiamo, noi siamo collegati a qualcosa di più grande di noi, ovvero ad una coscienza cosmica che reagisce alla nostra intenzione. Ecco perché è così importante essere consapevoli di entrambe le cose: della connessione alla coscienza cosmica e della visione chiara di ciò che vogliamo ottenere.

Questa intuizione è stata accettata dal Dr. Dirk Meijer, professore di farmacologia all'università di Groningen nei Paesi Bassi; in uno dei suoi articoli afferma che:

La nostra mente individuale dovrebbe essere vista come parte di una più ampia coscienza universale, che è di per sé funzionale a tutto il tessuto della realtà.

Ciò significa che se tenti di realizzare il tuo obiettivo facendo affidamento solo sulla volontà, la conoscenza e l'impegno, verrai sopraffatto da tutte le sfide che andranno affrontate e alla fine sarai sfinito. D'altra parte, se fai affidamento solo sul potere al di fuori di te, non svilupperai mai le capacità e abilità di affrontare ogni sfida richiesta per la tua crescita personale. Ci sarà bisogno di entrambi.

La pratica della recitazione del Daimoku contiene *ambedue* gli aspetti di potere interno *e* di potere esterno.
Tu decidi cosa vuoi nella vita e ti prendi la piena responsabilità per la tua vita stessa mentre raggiungi la risonanza con l'universo e ne ricevi un sostegno benevolo.
Quindi, lavora sempre con la coscienza cosmica che è sia interna che esterna a te stesso per realizzare i tuoi desideri

Chiaramente Nichiren ha cercato di insegnarci che, quando recitiamo, attiviamo determinate funzioni che sono iscritte nel Gohonzon. Ci riferisce anche che queste funzioni sono come le leggi naturali. In un altro Gosho, Nichiren ci dice che il suo insegnamento buddista è conforme alle "leggi naturali o ai fenomeni naturali", come spiega nella seguente risposta alla moglie di Shijō Kingo.

Se la fede di una donna è debole, pur avendo abbracciato il Sutra del Loto, verrà abbandonata [dagli dèi celesti e dalle divinità benevolenti]. Se, per esempio, il generale è un debole, anche i suoi soldati diventeranno dei codardi. Se un arco è debole, la sua corda sarà lenta. Se il vento è debole, le onde non saranno alte. Queste sono leggi naturali.
L'unità di marito e moglie, RSND I, p. 410

Al fine di comprendere meglio queste funzioni, risulta utile trasformare queste espressioni metaforiche di Nichiren nel linguaggio della scienza contemporanea. Questo ci aiuterà a scavare più in profondità nella meravigliosa funzione e nel potere inerente alla pratica della recitazione del Daimoku concentrandosi sul Mandala Gohonzon.

Myō-hō-ren-ge-kyō è il fondamento di tutte le cose

Ero davvero entusiasta e affascinata dall'incrollabile convinzione di Nichiren! Eppure, mi chiedevo come potesse essere così sicuro dell'effetto del Daimoku di esaudire i desideri. Qual era il segreto della sua convinzione? Tenendo presente questa domanda, diamo un'occhiata più da vicino a ciò che il "Mantra di Nam-myō-hō-ren-ge-kyō" rappresenta veramente: cosa significa ad un livello più profondo.

In primo luogo, il "Daimoku di Myōhōrengekyō" significa letteralmente il "titolo del Sutra del Loto". Tradizionalmente, quando il "Daimoku di Nam-Myōhōrengekyō" veniva recitato nella scuola Tendai che Nichiren aveva studiato, aveva il significato, come suggerisce il prefisso "Nam", di rendere omaggio al Sutra stesso e dedicarsi al suo titolo. Eppure, spesso mi sono chiesta: "Cosa significa recitare il titolo di un sutra? La quintessenza del sutra può essere riassunta in questo modo? Queste spiegazioni letterali del Daimoku mi hanno creato confusione per un bel po' di tempo, perché per me semplicemente non avevano senso. Credevo piuttosto che la comprensione di Nichiren dovesse andare ben oltre qualsiasi interpretazione letterale del Daimoku.

Fortunatamente, ho trovato una risposta chiara alle mie perplessità in un Gosho nel quale Nichiren prese in considerazione alcune domande fondamentali. Perché dovremmo recitare solo il Daimoku invece di dedicarci alla meditazione di T'ien-t'ai su *Ichinen Sanzen*? Come potrebbe la pratica di recitare Daimoku procurarci enormi benefici anche senza conoscerne il significato?

È caratteristico di Nichiren riferirsi ai fenomeni naturali per spiegare il significato della recitazione del Daimoku.

> Quando un bambino beve il latte non ha alcuna comprensione del suo sapore eppure il suo corpo ne viene nutrito in maniera naturale. [...] Quando le piante e gli alberi ricevono la pioggia non sono consapevoli di ciò che fanno, eppure non cominciano forse a produrre fiori? I cinque caratteri di Myoho-renge-kyo

non rappresentano il testo del sutra e non sono nemmeno il suo significato. Non sono altro che l'intento dell'intero sutra. Così anche se i principianti nella pratica buddista non ne possono comprendere il significato, praticando questi cinque caratteri si conformeranno naturalmente all'intento del sutra.

Sui quattro stadi della fede e I cinque stadi della pratica
RSND I: p. 731

Il Sutra del Loto proclama come messaggio universale che tutti possono raggiungere l'illuminazione abbracciando e sostenendo il Sutra del Loto o la sua essenza, la Legge Mistica (*Myōhō*). Tuttavia, questa legge di causa ed effetto relativa all'illuminazione mi è parsa eccessivamente astratta. Lo stato di vita illuminato deve essere raggiunto in modo abbastanza naturale, proprio come Nichiren ha sempre sottolineato. Infatti, Nichiren considerava questa possibilità di illuminazione fondamentalmente radicata nella "natura di Budda", la cui dottrina è stata sviluppata dopo la compilazione del Sutra del Loto nel II secolo d.C. Inoltre, Nichiren non considerava più la natura di Budda come la semplice "qualità di una persona illuminata", ma piuttosto come il fondamento di tutti gli esseri e di tutti gli elementi della natura e dell'universo.

Myoho-renge-kyo è la natura di Budda di tutti gli esseri viventi. La natura di Budda è la natura del Dharma e la natura del Dharma è l'illuminazione. La natura di Budda posseduta da Shakyamuni, Molti Tesori e [...] - in breve, da tutti gli esseri viventi dal regno ove non c'è né pensiero né assenza di pensiero, da sopra le nuvole fin giù nelle fiamme delle profondità dell'inferno - la natura di Budda che tutti questi esseri posseggono viene chiamata con il nome di Myoho-renge-kyo.

Conversazione tra un santo e un uomo non illuminato
RSND I, p. 117-118

Così, è la natura universale di Budda, considerata come il fondamento di tutte le cose, che deve essere realizzata attraverso la nostra pratica. Di conseguenza, mi ha convinto fermamente l'idea potente di Nichiren che il Daimoku di Nam-Myōhōrengekyō in sé sia l'esclusivo "mantra" che da solo dovrebbe essere praticato per attivare la natura di Budda insita sia dentro che fuori la nostra vita. Con una tale comprensione, ho scoperto che ora potevo capire il motivo per cui Nichiren aveva inscritto questo mantra al centro del suo Mandala Gohonzon. Infatti, è una chiara dimostrazione che tutti gli esseri e tutte le entità manifestano la loro natura di Budda attraverso la recitazione e che sono quindi tutti interconnessi nella dimensione spirituale.

Ciò indica che Nichiren considerava la "pratica della recitazione del Daimoku" (*Shōdaigyō*) come centrale nella sua pratica, mentre la recitazione del sutra stesso dovrebbe essere considerata solo una pratica ausiliaria. Con questi mezzi, Nichiren stabilì una forma straordinariamente innovativa di pratica buddista che è tuttavia saldamente costruita sulla tradizione del Sutra del Loto:

"Myohorengekyo" si riferisce letteralmente al titolo del Sutra del Loto, ma nel contesto della pratica buddista di Nichiren, significa la natura universale di Budda che è il fondamento e l'origine di tutte le cose dell'universo.
Recitare il mantra di Nam-Myōhō-renge-kyō ci permette di attivare la natura di Budda insita nella nostra vita e quindi trasformare ogni sofferenza in felicità.

Pertanto, Nichiren considerava il mantra di Nam-myō-hō-ren-ge-kyō il mezzo essenziale per raggiungere l'illuminazione stessa. Tuttavia, ho anche iniziato a chiedermi: che cos'è in realtà "l'illuminazione"? Ha qualcosa a che fare con la "luce"? Beh, vedremo.

Interpretare i concetti buddisti in chiave moderna

La teoria della vita di Toda

Josei Toda (1900-1958) ha spiegato che i termini tradizionali "natura di Budda" e "Budda" significano "vita". Egli riteneva che ogni individuo, quando muore, ritorna all'universo, mescolandosi al grande oceano della vita cosmica. Toda considerava questa vita cosmica come parte intrinseca del mondo fisico e propagò l'idea che la vita fosse in realtà onnipresente in tutte le cose. È non-locale, trascendente ed eterna, è l'essenza dell'universo da cui tutte le cose originano ed emergono e a cui tutte le cose ritornano. Fu la prima persona a dare al termine buddista tradizionale "natura di Budda" una interpretazione veramente moderna:

"Budda significa Vita, la vita cosmica che è inerente alla mia vita e all'universo. È l'essenza dell'universo stesso."

In riferimento a ciò, Toda definiva il Gohonzon come una materializzazione di questo principio della vita cosmica e lo chiamava una "macchina che produce felicità". Ha quindi incoraggiato le persone a credere nel potere del Gohonzon e a mettere in pratica il suo miracoloso meccanismo. Questo ha ispirato centinaia di migliaia di persone nel Giappone del dopoguerra a superare povertà, malattia e conflitti in famiglia e nella vita sociale.

La vita è luce

Al giorno d'oggi, la moderna visione di Toda della "vita cosmica" come essenza dell'universo può essere ulteriormente perfezionata se guardiamo ai diversi sviluppi della ricerca che definiscono la "vita" in un modo ancora più preciso. Uno di questi approcci è quello del defunto biofisico tedesco Dott. Fritz Albert Popp (1939-2018), che ha descritto la "vita" essenzialmente come "luce". Tutti abbiamo bisogno della luce per sentirci felici. Ci si sente molto meglio quando si percepisce l'energia della luce del sole sulla pelle, vero? Il sole è essenziale per tutti gli esseri viventi, per prosperare e crescere. Tuttavia, sapevate che non è solo il sole ad irradiare luce, ma che anche tutti gli esseri viventi propagano luce a livello organico cellulare e corporeo? Questa luce è composta da biofotoni.

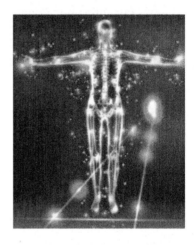

La luce sembra essere la forza vitale con cui le cellule comunicano

Il fenomeno di "emissione di biofotoni" fu scoperto per la prima volta nel 1920 in Russia, ma solo in seguito empiricamente verificato da Popp negli anni '70. La sua ricerca dimostra che c'è una luce che si irradia da ciascuna delle nostre cellule. Ogni essere vivente, ogni pianta, cellula animale e umana emana luce coerente, ordinata e regolarmente modellata sotto forma di biofotoni. I biofotoni di tutte le cellule del corpo formano insieme il campo bioenergetico intorno a noi.

Che cos'è esattamente un fotone?

Un fotone è la più piccola unità fisica di luce portatrice di informazioni ed energia. Trasporta o convoglia sempre la stessa quantità di energia alla velocità della luce, indipendentemente dalla distanza. Che cosa significa per un fotone muoversi alla velocità della luce? Che aspetto ha? Beh,

un fotone non ha massa e viaggia alla velocità costante della luce di circa 300.000 chilometri al secondo. Potrebbe girare intorno alla terra 7,5 volte in un secondo. Provate ad immaginarlo! Questa è una velocità incredibile che rende il fotone un perfetto fornitore di energia.

Ma c'è qualcos'altro che distingue i fotoni: un fotone è un quanto. Nella fisica, un quanto è la più piccola unità di una proprietà fisica come l'energia o la materia. In altre parole, il fotone è una delle particelle più piccole nel mondo quantistico.

Inoltre, c'è qualcosa di veramente sorprendente in esso. Ha una duplice natura e può comportarsi allo stesso tempo

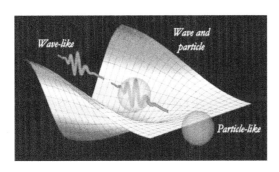

Un fotone può essere allo stesso tempo sia un'onda sia una particella

come una particella e come un'onda. Può essere energia e materia allo stesso tempo. Quindi pensate al fotone come alla soglia tra energia e materia.

Per questa ragione un fotone produce contemporaneamente una vibrazione elettrica e una magnetica per formare un campo elettromagnetico. Una volta che i fotoni formano un campo elettromagnetico, sono nel loro stato d'onda, cioè sono nel loro stato energetico.

Onda elettromagnetica

Campo magnetico

Campo elettrico

Direzione di propagazione

Lunghezza d'onda

La luce è un'onda elettromagnetica

Il campo energetico attorno al nostro corpo

I fotoni formano anche il campo di energia elettromagnetica attorno al nostro corpo. Quando parliamo dei nostri schemi energetici, intendiamo la disposizione dei fotoni all'interno del nostro campo biologico.

Gestire la nostra energia significa, quindi, cambiare la disposizione dei fotoni nel nostro campo energetico. Il nostro corpo diventa un riflesso delle disposizioni dei fotoni nel nostro campo energetico.

Il professor Meijer ha descritto questo fenomeno in uno dei suoi

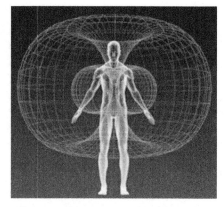

Campo elettromagnetico intorno al

articoli sulla coscienza riferendosi al fatto che il nostro corpo è in risonanza con il "campo del punto zero". Il campo energetico del punto zero è stato spesso associato a un eterno e immutabile campo unificato di coscienza che sta alla base di tutto e che permea l'intera creazione:

> Fotoni in forma d'onda sono permanentemente presenti nel nostro corpo attraverso la risonanza, poiché l'organismo è circondato dal campo di energia del punto zero.

Cosa c'entra questo con la nostra pratica di recitare Daimoku? Le nostre misurazioni hanno dimostrato che quando recitiamo Daimoku aumentiamo la nostra emissione di biofotoni, di conseguenza il campo elettromagnetico intorno al nostro corpo. Questo è quando siamo più energia che materia.

Pertanto, non esiste alcuna differenza di tempo o spazio tra noi e un'altra persona. Questo spiega l'effetto quantico non locale del Daimoku. È possibile influenzare un'altra persona recitando Daimoku senza dover essere fisicamente con lei o nello stesso luogo. Questo può succedere solo in un universo quantico. Nichiren la mise così:

> Non c'è posto in tutto il mondo che il suono della recitazione del Daimoku non possa raggiungere.
> Dalle registrazioni di *Nikō sulle lezioni di Nichiren sul Sutra del Loto* tenute a Minobu tra il 1278 e il 1280

Ciò è particolarmente interessante e importante perché anche le nostre intenzioni generano campi elettromagnetici, come vedremo più avanti. Mi chiedevo anche: se i fotoni fossero un perfetto fornitore di energia per le nostre intenzioni e visioni? Potevano rendere le nostre intenzioni coerenti come un laser? Questo è solo un altro modo per dire che sono estremamente potenti.

La salute e la comunicazione richiedono coerenza

Un'altra domanda è: qual è la reale funzione dei fotoni nel nostro corpo? I ricercatori hanno trovato che i biofotoni nel corpo sono trasportatori di informazioni e servono come mezzo di comunicazione sia tra cellule che all'interno delle cellule. In altre parole, le nostre cellule comunicano tra loro tramite la luce. Questa luce comunica a ogni cellula cosa fare. Popp affermò che la luce coerente controlla ogni processo metabolico nel nostro corpo. È la nostra forza vitale ad alimentare il corpo. Questa forza vitale è costituita da fotoni.

Popp considerava I biofotoni come vettori di informazioni sia all'interno del nostro corpo sia verso il campo quantico. Le informazioni possono essere trasmesse solo se la luce è coerente, il che significa che non vi è alcun disturbo o blocco che possa causare interferenze nella trasmissione delle informazioni.

Inoltre, Popp scoprì che gli organismi sani hanno una luce coerente. Quando ci ammaliamo e soffriamo di una malattia, questa luce diventa debole e incoerente, non in fase, non allineata. Senza il flusso naturale di informazione, comunicazione e ordine, le cellule e il loro tessuto circostante diventeranno disordinate ed incoerenti, il che, secondo Popp, è il punto di avvio di qualsiasi malattia.

Con un "blocco di informazioni" nelle cellule il tessuto circostante si ammala. Un modo più potente di comprendere un blocco è immaginarlo come un'assenza di forza vitale. I biofotoni non sono altro che energia vitale. E dove l'energia non scorre, c'è un punto nel corpo in cui il movimento della forza vitale è bloccato. Il risultato è che questo punto cade in uno stato di disordine o incoerenza.

Secondo il professor Meijer dall'università di Groningen nei Paesi Bassi, di cui sopra, un tale stato di disordine o di incoerenza porta ad una graduale perdita di organizzazione cellulare, portando come risultato malattie come il cancro.

Visto che è proprio questo stato più ordinato a permettere alle informazioni di fluire liberamente tra e all'interno delle cellule del nostro corpo, ogni stato incoerente, disordinato impedisce al flusso di informazioni di fluire liberamente (vedi figura 1). Le informazioni sono trasmesse liberamente ed efficacemente solo in uno stato coerente e ordinato (vedi figura 2, dove le cellule si trovano in uno stato coerente, che non blocca il libero flusso).

Oggi sappiamo che il grado di coerenza del campo energetico attorno al nostro corpo rivela il nostro stato di salute

La nostra energia vitale e la luce

Oggi le scoperte di Popp sono ben radicate nel mondo scientifico internazionale. Ricerche sull'energia dei biofotoni vengono condotte in tutto il mondo. Inizialmente fu duramente attaccato per le sue scoperte negli anni '80 in Germania e alla fine perse la sua cattedra. Questo perché aveva introdotto un concetto vitalistico di energia che andava contro la visione materialistica e meccanicistica della scienza tradizionale. Secondo la scienza tradizionale, il corpo umano è come una macchina gestita solo da processi chimici e materiali. La ricerca sui biofotoni, tuttavia, suggerisce qualcosa di diverso:

C'è in noi una forza vitale legata alla luce

Questa visione innovativa della vita e del mondo in realtà invita a fare un cambio di paradigma, passando da una visione materialista del mondo ad una visione spirituale, energetica del mondo.

In questo modo impariamo a osservare e sperimentare ogni cosa nella nostra realtà come qualcosa che è palpitante di vita e intimamente interconnessa con ogni altra cosa.

Il mondo in cui viviamo è pieno di vita ed energia!

Una tale comprensione del mondo che vibra di energia e vita si accorda con il concetto di "energia vitale" come indicato dal termine "Prana" in India, "Qi" in Cina e "Ki" in Giappone, un concetto che è alla base di tutti i processi vitali. Questo è il motivo per cui la comprensione di Josei Toda del termine "budda" in termini di "vita" o di "forza vitale" ci ha offerto una profonda intuizione sulla nostra esperienza quotidiana.

È questo potere apparentemente magico che la vita rappresenta per noi. Può anche essere chiamato energia vitale. Di solito la apprezziamo solo quando non la possediamo più. Quando ci sentiamo deboli, stanchi o non siamo più in grado di agire. Spesso non ha nulla a che fare con l'età. Ci sono bambini che hanno perso completamente la loro vitalità e ci sono ottantenni le cui batterie sono ancora completamente cariche. Ma senza energia la vita diventa una tortura. Se ti senti 20 anni più giovane significa che hai abbastanza energia vitale. Ma se ti senti costantemente stanco o più vecchio della tua età, allora è il momento di ricaricare le batterie. Alcuni ricercatori hanno cercato di misurare questa energia attraverso la kinesiologia. I risultati hanno mostrato che quando sei al 100%, in pratica ti senti come se stessi volando e la vita sembra essere facile da gestire. Nel momento in cui ti trovi all'80%, sei pienamente efficiente e raggiungi i tuoi obiettivi. Se ti trovi al 70%, ti senti semplicemente normale e sai di aver vissuto momenti migliori.

Con il 50% continuerai a resistere ma non sarà più molto divertente. Se sei solo al 30% sarai esausto dopo sole 2 ore di lavoro e ti trascinerai. Con il 20% di energia vitale rimasta, la batteria è praticamente scarica. Le nostre misurazioni hanno dimostrato che

recitare Daimoku è un modo molto efficace per migliorare e rafforzare il campo energetico intorno al corpo e per ricaricare il proprio livello di energia.

Esercizio:

Cosa pensi della tua energia vitale al momento, quanto è alta?

_ _

Quanta energia vitale hai attualmente tra 0 e 100%?

La mia energia vitale è _____%.

Quando reciti Daimoku come ti senti? Riesci a percepire un aumento della tua energia vitale dopo 30 minuti di Daimoku?

_ _

Dopo 30 minuti di Daimoku sento un aumento della mia energia
vitale del? _____%

Capitolo 4
La luce è il fondamento della vita

> Oggi noi sappiamo che l'uomo è essenzialmente un essere di luce.
>
> – *Fritz Albert Popp*

Comunicare con la luce

Come abbiamo già visto in precedenza, sappiamo dalle nostre misurazioni che recitare daimoku migliora il campo energetico intorno al corpo, facendo aumentare l'emissione dei biofotoni. Ciò significa che, nel momento in cui recitiamo, emettiamo più luce.

Pertanto, se abbiamo detto che attiviamo il nostro essere "illuminato" recitando Daimoku, questo può essere inteso nel senso più letterale.

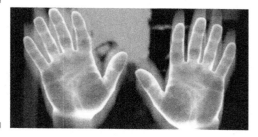

Noi esistiamo ben al di là del nostro sé fisico. Siamo molto più degli atomi e delle molecole che compongono i nostri corpi, siamo piuttosto esseri di luce. I biofotoni sono emessi dal corpo umano. Secondo il Dott. Gary Schwartz dell'Università dell'Arizona, i biofotoni vengono prodotti da tutte le attività mentali e soprattutto quando inviamo un'intenzione di guarigione a qualcuno. Inoltre, essi modulano i processi fondamentali e la comunicazione all'interno e tra le nostre cellule e il DNA.

I biofotoni sono emessi da tutte le attività mentali

Ciò significa che le nostre visioni e intenzioni sono costituite dalla forza vitale che attraversa il nostro corpo e che attiviamo quando recitiamo. Il Daimoku sembra essere il portatore ed il potenziatore delle nostre intenzioni e visioni. Questo suggerisce anche che l'energia che produciamo recitando sia l'origine dell'energia delle nostre visioni e intenzioni.

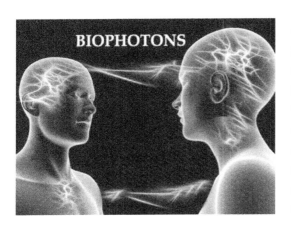

Sembra anche che la comunicazione interpersonale sia possibile grazie ai fotoni dei campi elettromagnetici che ci circondano. Il professor Meijer è convinto che la comunicazione non avvenga solo attraverso le parole ma anche tramite l'invio di messaggi subliminali gli uni verso gli altri a livello energetico, attraverso certi campi elettromagnetici. È giunto a tale conclusione in quanto gli studi più recenti di scansioni cerebrali dimostrano che quando due persone parlano tra loro, i modelli di elettroencefalogramma esibiti dal loro cervello sembrano presto correlati tra loro, quasi come fossero una sola persona. Ciò indica che esiste un tipo di connessione tra loro che si basa su una trasmissione di fotoni estremamente rapida, generata dai rispettivi campi elettromagnetici. Senza dire nulla, siamo in grado di esprimere ciò che è nella nostra mente. Stiamo trasmettendo visioni e intenzioni.

Ecco perché è importante avere chiarezza di propositi ed intenzioni. Se l'energia delle nostre visioni e delle nostre intenzioni è debole e non focalizzata, diventiamo semplicemente un magnete per tutti i tipi di altre energie, non facciamo altro che attirare flussi di energie totalmente casuali e il campo elettromagnetico intorno a noi viene travolto dall'oceano di vibrazioni energetiche che ci circonda. Questo accade quando altre persone gestiscono la tua vita.

I biofotoni vengono emessi anche dalle piante. Il Dott. Schwartz sta utilizzando un sistema di imaging per osservare i biofotoni consistente in una telecamera CCD (Dispositivo ad Accoppiamento di Carica). Questo strumento è in grado di registrare la luce molto debole dallo spazio esterno e può rilevare schemi di radiazioni ad alta frequenza, come i raggi cosmici. È stato così anche in grado di fotografare la luce proveniente dalle foglie.

Ha anche dimostrato che la luce che una persona emette aumenta quando si proietta la propria intenzione nei confronti di qualcun altro, ad esempio nel caso di una guarigione intenzionale. La luce sembra giocare un ruolo fondamentale nel processo di guarigione.

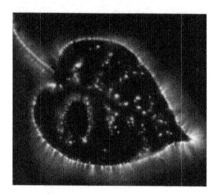

La luce emessa da una foglia

La luce è il fondamento di tutta la vita, come afferma il Dott. Popp. È interessante notare che questo è esattamente ciò che Nichiren ci ha insegnato riguardo a Nam-myō-hō-ren-ge-kyō.

Il buddismo del Sole

Conosci il motivo per cui Nichiren si diede il nome "Nichi-Ren", che significa Sole-Loto? Il carattere sino-giapponese "Nichi" sta per "sole" e mette in evidenza la funzione benefica di quest'ultimo nell'illuminare il buio dell'ignoranza di tutte le persone e il mondo.

> Come la luce del sole e della luna può fugare oscurità e tenebre, così questa persona, mentre passa nel mondo, può liberare gli esseri viventi dall'oscurità. *Sutra del Loto, capitolo 21*

Nichiren attribuì questa caratteristica illuminante della luce anche all'effetto della recitazione del Daimoku, che illumina l'oscurità e trasforma tutti i tipi di sofferenza a cui siamo esposti. Ci dice che recitare Daimoku è la luce che illumina la nostra vita e trasforma la nostra sofferenza:

> Oggi, quando Nichiren e i suoi seguaci recitano le parole Nam-myoho-renge-kyo, stanno illuminando l'oscurità di nascita e morte, rendendola chiara, così che il fuoco della saggezza del nirvana possa risplendere.
> *Raccolta degli Insegnamenti Orali*, p.10

Il Daimoku irradia energia luminosa

Come illustra la frase di Gosho, Nichiren equiparava costantemente gli effetti benefici del Daimoku all'emissione di luce. Perciò, ogni volta che recitiamo, irradiamo una luce potente non solo all'interno del nostro corpo, ma anche dal nostro corpo verso il mondo intero.

Ero affascinata da questa idea meravigliosa. Eppure, come avrebbe fatto Nichiren a rappresentare questa caratteristica del Daimoku, così radioso da emettere luce? In effetti, egli evocò un'immagine di questo campo di energia luminosa attraverso una particolare modalità di iscrizione dei caratteri di Nam-myō-hō-ren-ge-kyō, al centro del suo Mandala Gohonzon. Così come viene iscritto, il Daimoku è radioso di luce. Gli studiosi buddisti di Nichiren si riferiscono a stilistici "raggi di luce" o a "punti che emettono luce" (*kōmyōten*) con cui Nichiren adornava ulteriormente il mantra che aveva iscritto al centro del Gohonzon. Questi punti di luce caratterizzano con grande enfasi i caratteri del Daimoku, ciascuno dei quali emette vibranti raggi di luce, come di seguito illustrato.

Ad esempio, diamo un'oc-
chiata al Gohonzon che ha
iscritto nel marzo 1280 sul
Monte Minobu. Se avesse semplicemente usato i caratteri
standard per iscrivere il mantra,
i sette caratteri cinesi sarebbero stati come nella figura A.
Ma Nichiren realtà iscrisse il
mantra di Nam-Myo-ho-ren-ge-
kyo come nella figura B.

南無妙法蓮華経

Se confrontiamo la forma
standard dei caratteri con gli or-
namenti del mantra evidenziati

Fig. A   Fig. B

da Nichiren, notiamo subito che questi caratteri unici scritti a
mano da Nichiren sono vigorosamente estesi in una particolare
modalità dinamica.

Questo ornamento calligrafico dei "punti di luce" del Daimoku
centrale è un motivo stilistico adottato dai successori di Nichiren
fino ai giorni nostri.

Gli studiosi di Nichiren concordano sul fatto che questi tratti vigorosamente estesi sottolineano la determinazione e la grande
compassione di Nichiren nel rappresentare e diffondere la vibrante energia luminosa del Daimoku, per poter illuminare le te-
nebre nella nostra vita e in tutto il mondo.

In termini pratici, Nichiren ci insegna che la luce del Daimoku ha
il potere di alzare e illuminare tutti gli altri stati vitali e gli esseri
che sono rappresentati nel Gohonzon. Ciò viene affermato con
forza dal potere di emissione della luce del Daimoku al centro del
Gohonzon.

Nichiren spiegò il significato del Mandala Gohonzon e il significato particolare del Daimoku posizionato al centro irradiante
energia luminosa, così come segue.

Nel Gohonzon dimorano, senza eccezione alcuna, tutti i Budda, i bodhisattva e grandi saggi [...] Illuminati dalla luce dei cinque caratteri della Legge mistica, rivelano i nobili attributi che possiedono intrinsecamente. Questo è l'oggetto di culto.

Il reale aspetto del Gohonzon RSND I, p. 738

La funzione di emissione di luce della recitazione del Daimoku è l'origine ultima da cui sviluppiamo il nostro massimo potenziale e trasformiamo tutti gli aspetti negativi della nostra vita in aspetti positivi

La coscienza è luce ed energia

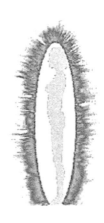

Nichiren usò costantemente l'immagine della luce nel descrivere gli effetti del Daimoku, definendola specificamente come la "luce che illumina l'oscurità". Oggi sappiamo che è letteralmente così. Attraverso la misurazione sappiamo che il Daimoku aumenta il campo di energia intorno al nostro corpo, aumentando l'emissione di biofotoni. Ciò significa che stiamo effettivamente emettendo più luce durante la recitazione. È stato allora che mi sono resa conto che "l'illuminazione" è davvero alla lettera "luce".

Quando attiviamo il nostro stato vitale illuminato attraverso il Daimoku aumentiamo l'emissione di biofotoni nel nostro corpo che inizia letteralmente a brillare

Secondo il biofisico tedesco Dott. Michael König, il nostro stato di coscienza dipende dalla forza del campo biofotonico attorno al nostro corpo. Egli afferma che il campo dei biofotoni che ci circonda è direttamente correlato al nostro stato di coscienza e al nostro stato vitale. Egli considera che la coscienza e l'energia sono

intimamente interconnesse e non possono essere separate, e che
la coscienza pura è composta da fotoni. Ciò significa che è fondamentalmente luce.

Quindi:

abbiamo ora una nuova comprensione del concetto di "natura di
Budda" equivalente a "vita cosmica", intrinsecamente correlata
alla "pura coscienza cosmica" e alla "luce" o ai "fotoni"

Sperimentare la coscienza cosmica

Alcune persone raggiungono questo livello di coscienza come risultato di un'esperienza di premorte. Nel nostro libro "Buddismo
Nichiren 3.0" abbiamo descritto la straordinaria esperienza di
Anita Morjaani che ha lottato contro il cancro mentre era in coma.
Nel libro "Buddismo Nichiren 3.1" abbiamo anche descritto l'affascinante esperienza del Dott. Eben Alexander, un neurochirurgo
di Harvard, che cadde in coma a causa di un'infiammazione batte-
rica acuta del cervello. La funzione neurologica del suo cervello si
stava deteriorando rapidamente e gli fu data una probabilità del
90 per cento di morire. Nel successivo coma durato sette giorni
visse l'esperienza di una dimensione completamente diversa della
coscienza non locale, ben al di là dell'ordinaria coscienza locale e
quotidiana.

Il Dr. Alexander era stato in precedenza un sostenitore della visione materialista secondo cui la coscienza è solo un sottopro-
dotto del cervello. Dopo aver sperimentato una dimensione della
coscienza radicalmente diversa, iniziò a parlare di quest'aspetto.
Nel suo discorso alla società teosofica spiegò: "Quella non era la
coscienza di Eben Alexander, era la coscienza che condividiamo
tutti, molto più potente - un legame diretto con il divino". A questo livello provava un amore profondo e incondizionato e speri-
mentò direttamente ciò che descrisse come "quell'infinito potere
creativo amorevole che va ben oltre ogni denominazione".

Mentre era in quello stato ricevette la rassicurazione che "siamo sempre amati e apprezzati" e che "verremo curati".

Siamo sempre amati, apprezzati e curati

Poi si rese conto che "non possiamo fare alcun errore" fintanto che siamo consapevoli che "raccogliamo ciò che seminiamo". Ciò significa che o sperimentiamo direttamente qui in questa vita i sentimenti che abbiamo suscitato nelle altre persone, o dopo la nostra morte, come una sorta di "revisione". Qualsiasi cosa tu abbia fatto provare ad un'altra persona, tu stesso la proverai. Il Dott. Alexander era quindi consapevole del principio di causa ed effetto, una delle funzioni della coscienza cosmica.

Sperimentare una profonda realizzazione

Egli comprese profondamente che siamo tutti esseri eterni spirituali trasmigranti attraverso molteplici incarnazioni e che tutti abbiamo lezioni da apprendere sull'amore. Ma soprattutto, considerò la realtà della coscienza non locale come molto più reale della realtà quotidiana del nostro mondo tridimensionale. Ha perso la paura della morte perché ha imparato per esperienza diretta che siamo veramente a casa nostra nel regno spirituale. Comparato alla realtà che aveva vissuto vicino alla morte, considerò questo mondo non più che un "sogno"; per lui la coscienza non locale è "più reale". È interessante notare che Nichiren dichiarò la stessa cosa quando suggerì che la gente comune viveva nel regno dei sogni.

Il Budda è come una persona sveglia e gli esseri viventi come persone che stanno sognando. Quando queste si risvegliano dai loro vani sogni di nascita e morte e ritornano allo stato di veglia dell'illuminazione originale, si dice che conseguono la Buddità nella loro forma presente, che acquisiscono la grande saggezza dell'eguaglianza, la Legge scevra di distinzioni [...]

> *La dichiarazione unanime dei Budda delle tre esistenze* RSND
> II, p. 791

In questo passo del Gosho Nichiren ci insegna che a livello di coscienza cosmica non sussistono distinzioni. Dal punto di vista di uno stato risvegliato, tutte le distinzioni come nascita e morte, bene e male, destra e sinistra, nord e sud, passato e futuro, maschio e femmina e così via, vengono tutte fabbricate dalla nostra mente illusa in uno stato onirico. Ogni distinzione ci induce a dividerci dalle altre persone e dalle altre cose, e può condurre inesorabilmente a discriminazione e segregazione. A livello di coscienza cosmica, tuttavia, tutte queste distinzioni alla fine non esistono. Tutti sono uguali e fanno parte della unità della coscienza. Noi siamo un tutt'uno.

Eben Alexander ritiene che non vi sia bisogno di un'esperienza di premorte per raggiungere questo livello, in quanto egli stesso ebbe nuovamente accesso alle esperienze avute vicino alla morte attraverso la preghiera e la meditazione profonda. Secondo Nichiren, possiamo accedere più rapidamente a questo livello semplicemente recitando Daimoku davanti al Gohonzon.

Parlando di questo livello di coscienza nel profondo della nostra vita, Nichiren si riferiva ad esso come alla Nona coscienza. Questo livello più profondo del nostro subconscio è reale e collegato a un determinato meccanismo che possiamo attivare ogni volta che recitiamo Daimoku davanti al Gohonzon.

> Myō-hō-ren-ge-kyō rappresenta la coscienza cosmica che è il fondamento dell'universo ed è sempre presente come il rovescio di una moneta. È eterna e indistruttibile

Ciò che Nichiren insegnò nel Gosho sopra citato è che fondamentalmente la realtà non è soltanto il mondo della forma materiale, fisica, percepita dai nostri sensi, poiché il mondo fisico è una manifestazione della coscienza. La coscienza è primaria. In ultima battuta, vi è unicamente la coscienza che esprime se stessa in diverse forme ed esperienze, e la fonte di tutte queste forme ed esperienze è pura coscienza illuminata.

Se tutto proviene dal livello della coscienza,
è logico che questo sia il livello da dove dobbiamo partire
se vogliamo cambiare la nostra vita

Esercizio

Sei consapevole di un aumento dell'energia vitale mentre reciti Daimoku?

_ _

Ti senti in qualche modo legato più ampiamente alle persone che ami, oltre che alla natura e all'universo?

_ _

_ _

Capitolo 5
L'affascinante struttura del Mandala

In risonanza con la pura coscienza

Torniamo nuovamente al meccanismo miracoloso iscritto nel Gohonzon. Inizialmente, ci siamo chiesti la motivazione per cui Nichiren fosse così convinto del potere del Daimoku di realizzare i desideri. Avendo presente questa domanda in mente, diamo un'occhiata più da vicino a ciò che il "mantra di Nam-myō-hō-ren-ge-kyō" rappresenta in realtà e cosa significa al livello più profondo.

Ogni volta che recitiamo questo mantra, attiviamo le funzioni che sono rappresentate nel Gohonzon, cioè principalmente la funzione di trasformazione, quindi quelle ulteriori di protezione e di supporto. Verremo guidati e saremo in grado di trasformare il nostro dolore emotivo e fisico; saremo inoltre supportati nel raggiungimento dei nostri obiettivi. Tuttavia, la funzione più importante è quella che trasforma il nostro stato vitale e aumenta la nostra energia. Com'è possibile? Come possiamo trasformare davvero la nostra condizione vitale recitando il mantra di Nam-myō-hō-ren-ge-kyō davanti al Gohonzon? Come osservato in precedenza, abbiamo registrato un aumento delle emissioni di biofotoni durante il Daimoku al Gohonzon. Così il campo intorno al nostro corpo aumenta.

Secondo il dottor Michael König, riusciamo ad aumentare drasticamente il nostro livello energetico quando il campo di biofotoni intorno al nostro corpo risuona con i fotoni della coscienza pura. Il Dr. König sostiene inoltre che è proprio questa risonanza, tra il nostro campo di biofotoni e quello universale altamente energetico, a far innalzare la nostra personale energia.

Mettendo il nostro campo biofotonico in risonanza con i fotoni della coscienza pura, saremo in grado di elevare il nostro stato vitale

Trovarsi in risonanza con il campo universale della coscienza cosmica costituisce un affascinante fenomeno. Ci troviamo in sincronicità con chiunque sia in risonanza con lo stesso campo. Attraiamo immediatamente le persone che ci proteggono o sostengono o sono semplicemente giuste per noi. Quando ci allineiamo a questo campo, la nostra mente individuale si sincronizza automaticamente con qualsiasi altra mente sia parimenti sincronizzata con questo campo.

Dovremmo immaginarlo così: se vi sono due chitarre alle estremità opposte di una stanza, intonate tra loro e la quarta corda di una delle chitarre viene pizzicata, anche la quarta corda dell'altra vibrerà. La stessa dinamica si verifica tra gli esseri umani. Più ci troviamo in risonanza con la pura coscienza, più siamo in sintonia con coloro che sono in risonanza nel medesimo modo con la coscienza cosmica.

Questo è esattamente ciò che Nichiren descrisse. Egli trattò in uno dei suoi Gosho del fenomeno della risonanza, durante la recitazione del Daimoku, tra la nostra mente individuale e la mente universale. Al fine di spiegare l'effetto miracoloso della recitazione di questo mantra, fornì una metafora di questa risonanza riferendosi ad essa come a degli uccelli che cantano insieme, come un coro all'unisono.

[...] la natura di Budda che tutti questi esseri possiedono viene chiamata con il nome di Myoho-renge-kyo.

Quindi, quando recitiamo una volta queste parole del daimoku, richiamiamo intorno a noi la natura di Budda di tutti gli esseri viventi e in quel momento verranno richiamati e si manifesteranno i tre corpi della natura del Dharma che esistono in noi: il corpo del Dharma, il corpo di ricompensa e il corpo manifesto. Questo si chiama "conseguire la Buddità".

> Per chiarire con un esempio, quando un uccello in gabbia canta, i molti uccelli che volano in cielo si raccolgono tutti immediatamente intorno a lui, e vedendoli, l'uccello in gabbia si sforza di uscire. [...]
>
>
>
> *Conversazione fra un santo e un uomo non illuminato*
> RSND I, p.118

Di conseguenza, il Daimoku al centro del Gohonzon suggerisce che il mezzo principale per manifestare uno stato vitale illuminato è semplicemente recitare questo particolare mantra davanti al Gohonzon. Osservando il Mandala, noi diventiamo chiaramente consapevoli che ognuno dei rappresentanti dei dieci mondi che costituiscono i dieci stati vitali, come i Budda, i Bodhisattva e tutti gli altri, incluse anche tutte le divinità e i demoni, recitano il mantra di Nam-myō-hō-ren-ge-kyō. Così facendo, ognuno di essi manifesta il proprio stato vitale illuminato, in risonanza con Nam-myō-hō-ren-ge-kyō. Anche tutte le energie negative dell'universo, rappresentate dai demoni, manifestano quindi il più alto stato vitale e possono così trasformarsi in energie positive che ci sostengono.

Così, la meravigliosa struttura del mandala Gohonzon e la recitazione del Daimoku basata su di esso, permettono a noi di attivare il meccanismo miracoloso di risonanza con la coscienza pura universale, il mezzo attraverso il quale possiamo godere di quelle meravigliose esperienze che superano la nostra realtà quotidiana e le nostre aspettative.

È così che l'intero cosmo ci è accanto. È così che possiamo ottenere cose che non potremmo mai ottenere con le nostre risorse individuali o mediante la nostra distinta identità separata, facendo affidamento esclusivamente sulla nostra coscienza ego. Più siamo collegati a questo campo energetico spirituale, più miracolose le nostre vite diventano. La nostra sofferenza diminuisce. La causa principale della sofferenza e del dolore umano, come ha affermato Deepak Chopra, è la separazione da questo campo energetico della vita quando non siamo sintonizzati con la coscienza universale.

> Così, ogni volta che recitiamo al Gohonzon, attiviamo
> l'essenza e l'origine dell'intero cosmo stesso,
> e ci colleghiamo al campo cosmico della coscienza.

Il Gohonzon prima di tutto

La sillaba "nam" indica che ci stiamo dedicando all'origine di tutti i fenomeni, alla coscienza cosmica, alla Legge mistica, che permanentemente manifesta e governa tutto ciò che accade, non solo nelle nostre vite, ma anche nell'intero universo. Ci stiamo aprendo all'intelligenza cosmica.

Così, recitando "nam"-myoho-renge-kyo stai fondamentalmente esprimendo un senso di profonda fiducia. Quello che in sostanza stai affermando è: "il mio caffè può aspettare, non voglio alcuna distrazione, non voglio nessun banale conforto. Non ho bisogne del mio cellulare, delle mie e-mail, tutto ciò che voglio è la diretta connessione con te, divina intelligenza dentro me! Sei tu l'oggetto di tutta la mia attenzione e affetto, di tutta la mia passione e devozione suprema. Investirò tutta la mia attenzione e fiducia in te poiché sei la fonte della mia felicità assoluta. Ho intenzione di entrare in contatto con te ogni giorno!"

Ecco che, cominciando ad entrare in contatto con tale campo energetico di coscienza pura durante la recitazione, faremo nostra la sua forza vitale, vibrante di energia, mentre interagiamo con essa. Cominceremo così a sperimentare più interezza, maggiore coerenza nel nostro cervello. Ne abbiamo misurato concretamente gli effetti. Parallelamente, sviluppiamo un campo energetico più luminoso e coerente intorno al nostro corpo. Abbiamo misurato anche questo!

Ora siamo in grado di accedere a questa energia e di prendere nuovamente in mano le redini della nostra vita, realizzando così le nostre speranze e visioni. Tramite questa connessione fondamentale al campo della coscienza cosmica, possiamo ora goderci il nostro caffè ed il nostro nuovo stato vitale!

Nichiren credeva che fosse essenziale dedicarsi al più profondo fondamento della vita. Fu particolarmente fermo in questo senso. Considerò la dedizione alla pratica del Daimoku come la priorità più alta della nostra vita.

> [...] Poiché non c'è cosa più preziosa della vita, se la si dedica a praticare il Buddismo, si consegue sicuramente la Buddità. Chi è pronto a dare la propria vita, perché dovrebbe lesinare altri tesori per la Legge buddista? D'altra parte, chi esita a offrire al Buddismo i propri beni materiali, come potrà dare la vita che ha un valore di gran lunga maggiore? Secondo le regole della società, bisogna ricambiare un grande favore anche a costo della vita. Molti guerrieri perdono la vita per il loro signore, forse più di quanti si possa immaginare. Un uomo è disposto a morire per il suo onore, una donna è disposta a morire per un uomo. I pesci vogliono sopravvivere e, deplorando la scarsa profondità dello stagno in cui vivono, scavano buche sul fondo per nascondersi, eppure, ingannati dall'esca, abboccano all'amo. Gli uccelli sugli alberi temono che questi siano troppo bassi e si appollaiano sui rami più alti, eppure, abbagliati dall'esca, si fanno prendere nella rete. Gli esseri umani sono altrettanto vulnerabili. Danno la vita per superficiali cose mondane, ma raramente per i preziosi insegnamenti del Buddismo. Fa poca meraviglia che non conseguano la Buddità. [...]
>
> *Lettera da Sado*, RSND, p.266

Il meccanismo miracoloso interno al Mandala

Sono sempre stata affascinata dal mandala di Nichiren. La considero la creazione più bella e meravigliosa sulla Terra. Rimasi ancora più colpita dalla sua struttura generale allorquando cominciai a comprendere qualcosa dei principi alla base della sua costruzione e il significato profondo racchiuso all'interno di esso. Anche se vi sono molti aspetti affascinanti da discutere a questo proposito, diamo ora un semplice sguardo a quegli aspetti fondamentali che determinano il funzionamento del meccanismo miracoloso attivato dalla recitazione del Daimoku. Questo dovrebbe permetterci di comprendere perché Nichiren fosse così profondamente convinto che nessuna preghiera di un praticante del Sutra del Loto sarebbe rimasta senza risposta.

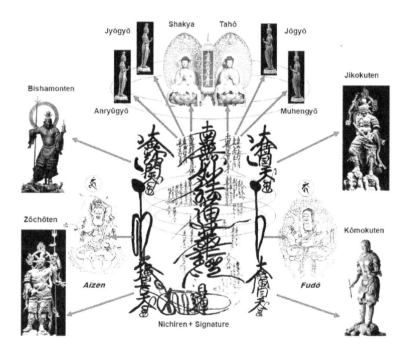

La risposta risiede nel Mandala Gohonzon stesso, creato da Nichiren specialmente per essere un oggetto unico di attenzione meditativa e devozione. Quando osserviamo il Gohonzon, ci accorgiamo immediatamente di alcuni caratteri in grassetto, al centro e su ciascuno dei quattro angoli. Notiamo anche i due enormi

caratteri in sanscrito iscritti a destra e sinistra a metà del Gohonzon. Non riuscendo a leggere o a comprendere questi caratteri,
ho chiesto a mio marito Yukio di illustrare il loro significato attraverso le loro forme iconografiche tradizionali. Mi ha fornito l'immagine qui sotto. L'immagine seguente evidenzia la struttura fondamentale del Mandala Gohonzon. Per maggior chiarezza quasi
tutti i rappresentanti dei Dieci mondi sono stati omessi da questa
immagine. Solo i due Budda e i quattro Bodhisattva della Terra
posti al più alto livello del Mandala sono stati inclusi.

Fondersi con il Gohonzon

Come spiegato in precedenza, non appena cominciamo a recitare
il mantra del "Nam-myō-hō-ren-ge-kyō", cominciamo ad attivare
la Legge mistica come raffigurato al centro del Mandala Gohonzon.
Mentre recitiamo iniziamo a manifestare dentro di noi lo stato vitale illuminato. Potremmo chiedere a noi stessi se siamo in realtà
illuminati mentre recitiamo. Cosa vuol dire essere illuminati?
Come ci si sente?

In realtà la risposta a questa
domanda è data da "I *due
Budda, Shakyamuni e Taho, se-
duti fianco a fianco nella Torre
Preziosa*". Essi esprimono sim-
bolicamente il principio tradizionalmente noto come "fusione di saggezza soggettiva e
realtà oggettiva" (*kyōchi-
myōgō*). Per dirla in un modo
più pratico, significa che siamo
fusi con l'universo senza limiti.
Cominciamo a sentirci connessi a tutti, a tutto, a ogni tempo e
luogo e il nostro senso di separazione tra noi e il nostro futuro
immaginato comincia a dissolversi.

I due Budda rappresentano lo Stato Vitale Illuminato
e la fusione con la pura illimitata coscienza cosmica.
In questo stato vitale tutte le possibilità di abbondante saggezza
e felicità sono a portata di mano.

Questo meccanismo costruito nel Mandala, si attiva ogni volta
che recitiamo Daimoku, soprattutto se identifichiamo in modo assoluto noi stessi con questo "oggetto di culto" e diventiamo realmente un tutt'uno con esso. Ciò significa che recitiamo Daimoku
in modo così concentrato da avere solo "un pensiero o intenzione" (Ichinen) di essere uno con il Gohonzon. Tale obiettivo non
può essere raggiunto concentrandosi in modo aggressivo e teso,
ma solo rilassandosi e lasciando andare tutte le nostre preoccu-
pazioni quotidiane e le ansietà. Tutto ciò che serve è semplicemente esprimere fiducia mentre recitiamo Daimoku al Gohonzon.

Una volta che siamo così completamente assorbiti dallo stesso
atto di recitare, ci ritroveremo in uno stato fluttuante. Ci dimenticheremo di noi stessi. Dimenticheremo il tempo e l'ambiente che
ci circonda. Questo perché non è il nostro ego a recitare bensì
qualcosa di gran lunga più grande è attivo durante tutto questo
processo. Dobbiamo essere consapevoli del nostro cuore mentre
recitiamo al Gohonzon, prendendo coscienza della sensazione di
gioia e compassione che emerge dalla profondità del nostro
corpo. Noi siamo qui e ora, completamente sintonizzati sul momento presente.

Il Mandala Gohonzon funge da chiaro specchio per osservare i
nostri cuori, il nostro stato vitale illuminato.

In questo stato spirituale noi siamo Bodhisattva della Terra, che nell'essenza sono persone illuminate. In quel momento, come Nichiren con grande immaginazione affermò, allo stesso tempo noi ci troviamo all'interno del Gohonzon e il Gohonzon è dentro di noi. Potremmo anche dire che siamo integrati nel vasto oceano dell'energia della forza vitale che ci circonda e che allo stesso tempo è dentro di noi. Ciò accade quando la nostra coscienza individuale, locale, particolare si fonde con la coscienza cosmica universale non locale. Percepiamo un aumento dell'energia fisica del nostro corpo e sperimentiamo la chiara luminosità di una mente che si è completamente placata e stabilizzata.

Quando ci sentiamo un tutt'uno con il Gohonzon,
è allora che siamo Budda!

Capitolo 6
Il potere della trasformazione

Come sciogliere i blocchi energetici

Dopo aver finalmente capito come recitare Daimoku al Gohonzon, mi chiedevo che aspetto avesse uno stato vitale illuminato. Mi chiesi come avrei potuto sperimentare i suoi effetti. C'è stato un aspetto particolare che mi ha maggiormente colpito. Ogni volta che attiviamo il meccanismo miracoloso inerente al Gohonzon, l'aspetto della trasformazione appare subito evidente. In senso generale, quando recitiamo Daimoku siamo in grado di trasformare le nostre circostanze particolari. Qualsiasi elemento ritenuto da noi inizialmente negativo e tossico può essere trasformato in "medicina" attraverso il potere trasformativo del Daimoku. Eppure, ci sono funzioni ancora più specifiche iscritte nel Gohonzon, i poteri per trasformare il dolore emotivo e fisico.

Secondo il Dott. Michael König, il dolore fisico è causato da un accumulo di energia elettromagnetica biofotonica. Permettere a questa energia repressa di fluire liberamente dissolvendo tali blocchi si può chiamare "trasformazione." Afferma che ci sono blocchi di energia che inibiscono il nostro accesso diretto alla pura coscienza. Inconsciamente reprimiamo molti sentimenti e tanto dolore emotivo nel nostro corpo. Per poter eliminare questo dolore, abbiamo bisogno di una maggiore concentrazione di energia biofotonica onde raggiungere uno stato superiore di coscienza. Secondo il dott. König, le esperienze spiacevoli si traducono in una situazione in cui la concentrazione di biofotoni nel nostro corpo si esaurisce.

Esperienze traumatiche, stress, emozioni irrisolte, delusione, ansia e paura provocano blocchi e disturbano il libero flusso di energia attraverso il campo biofotonico del nostro corpo.

Quest'ultimo perde la coerenza e l'armonia e diventa disordine. Ciò si traduce in una perdita di energia vitale e in un impoverimento dei biofotoni. Di conseguenza, le nostre capacità e il nostro appagamento nella vita diminuiscono notevolmente, allo stesso tempo saremo più soggetti ad ammalarci.

Per illustrare la differenza in termini di flusso di energia, possiamo riferirci ancora una volta ai risultati delle misurazioni GDV (Gas Discharge Visualization Technique) di cui abbiamo parlato in un nostro precedente libro, *Buddismo Nichiren 3.0*. L'immagine a sinistra suggerisce blocchi e disturbi del campo energetico, mostrando una mancanza di biofotoni nei punti indicati dalle frecce rosse. Eppure, dopo dieci minuti di Daimoku, come mostrato a destra, il flusso di energia viene ripristinato, la concentrazione di biofotoni aumenta.

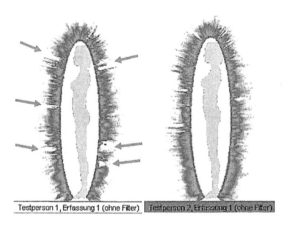

Testperson 1, Erfassung 1 (ohne Filter)   Testperson 2, Erfassung 1 (ohne Filter)

> Ora sappiamo che vitalità e qualità della vita dipendono dalla quantità e qualità dei fotoni nel nostro corpo
>
> *- Lynne McTaggart*

Abbiamo bisogno di un aumento dei biofotoni per convertire i campi disarmonici in campi più armonici, ordinati e coerenti. Ed è esattamente questa la trasformazione, secondo il Dott. König.

La trasformazione è la conversione di campi di fotoni disarmonici in campi di fotoni armonici.

In effetti, le misurazioni hanno dimostrato che questo è esattamente ciò che accade quando recitiamo Daimoku davanti al Gohonzon, in quanto siamo noi stessi ad emettere più biofotoni e il campo energetico del nostro corpo diventa più coerente. Questo principio di trasformazione è iscritto nel Gohonzon sotto forma di due vivaci rappresentazioni. Diamo loro uno sguardo più da vicino.

Trasforma il dolore e la pena con Fudo e Aizen

Quando lo stato di vita illuminato si attiva, funziona per mezzo di due principi trasformativi, rappresentati da *Fudō* e *Aizen* sul Gohonzon. Per Nichiren essi rappresentano le due energie trasformative che attiviamo ogni volta che recitiamo al Gohonzon. Possiamo così trasformare il nostro dolore e la nostra sofferenza. Tradizionalmente, sono stati iconograficamente raffigurati come terribili guerrieri che sottomettono i disobbedienti e respingono gli spiriti maligni. Tale iconografia enfatizza drammaticamente la straordinaria energia che è l'essenza di questi poteri radicalmente trasformativi.

Sul Gohonzon si trovano al centro, sul lato sinistro (*Aizen*) e sul lato destro (*Fudō*), ognuno rappresentato da una singola sillaba-seme sanscrita posta tra due dei Re Celesti.

Mi resi conto, dopo un po' di tempo, che avere un desiderio o un'intenzione "per cui recitare" non riguardava affatto ottenere qualcosa di nuovo come un'auto, una casa, un lavoro, o il cambiamento di una relazione. Si trattava in definitiva di come ci sentivamo dentro, se siamo liberi dal dolore fisico o emotivo. Altrimenti non potremmo mai godere di una nuova casa, di un nuovo lavoro o di una nuova relazione. Questo implica anche un cambiamento del nostro karma, poiché la nostra sofferenza si sviluppa sempre secondo un particolare modello. Ho sentito profondamente il valore inestimabile di avere un Gohonzon quando morì la mia zia preferita. Trascorrevo tutto il tempo davanti ad esso.

Tutti i soldi del mondo non possono trasformare il dolore emotivo. Così come non siamo in grado di goderci la nostra casa o la nostra auto quando siamo depressi o quando soffriamo fisicamente. Ecco perché è così importante che qualsiasi visione o intenzione deve concentrarsi sul potere di trasformazione di *Fudō* e *Aizen* iscritto nel Gohonzon.

Trasformare il dolore fisico

Fudō rappresenta il principio di "trasformare le sofferenze di nascita e morte in nirvana" (*Shōji-soku-nehan*). Mi sono domandata spesso cosa significhi effettivamente "trasformare la sofferenza in nirvana". Qui cosa si intende esattamente con "nirvana"? Le sofferenze della nascita e della morte sono le sofferenze fisiche della nostra esistenza individuale. Ovvero il dolore fisico che si deve sopportare al momento della nascita, della malattia, quando invecchiamo e quando moriamo. Nessuno può sfuggire a queste sofferenze, di conseguenza Nichiren considerò come essenziale il potere di trasformazione di *Fudō*.

Devo ammettere che avevo sempre visto la figura di *Fudō* in modo completamente astratto. Ne ero a conoscenza grazie ai miei studi buddisti all'università, in quanto egli è universalmente venerato nel Buddismo e conosciuto in sanscrito come "Achala". Egli riveste un ruolo importante nel buddismo in generale e viene raffigurato come una divinità esoterica che ha il potere di vincere sugli ostacoli e sulle cattive circostanze che intralciano la nostra pratica buddista. Ecco perché il nome *Fudō* significa anche "l'inamovibile", colui che non si piega mai davanti a nessun ostacolo.

Solo dopo essere arrivata in Giappone mi venne in mente che, per Nichiren, *Fudō* era un vero e proprio potere trasformativo che esiste non solo in teoria o come metafora in senso buddologico, ma realmente nella forma di una forza dinamica e di una energia che ha la capacità di trasformare il dolore fisico e la sofferenza.

Una sera, in Giappone, ero impegnata a vedere una serie TV su un clan medievale di samurai. Ricordo vividamente una scena in cui uno dei samurai pregava con fervore verso l'immagine di *Fudō*, implorando il suo aiuto per alleviare il dolore della sua malattia. Fu allora che mi resi conto che io non ero cresciuta con la credenza che *Fudō* avesse un potere reale e che per Nichiren e molti giapponesi il suo potere fosse reale quanto il potere di Maria o Gesù per molti credenti cristiani.

Capii che Nichiren stesso aveva stabilito un profondo rapporto con *Fudō* e *Aizen* in un'età molto precoce. In effetti, Nichiren aveva avuto una visione di entrambe le divinità, in cui credeva gli avessero trasferito il loro potere.

Noi tutti dobbiamo sopportare il dolore della nascita, di quando ci ammaliamo, di quando invecchiamo e moriamo. Come detto prima, mi sono spesso domandata cosa significasse realmente trasformare il nostro dolore fisico (le sofferenze di nascita e morte) in *Nirvana*. Che cosa accade nella vita quotidiana quando si è afflitti da dolore fisico?

Il regno del Nirvana dovrebbe essere inteso come un regno di pura coscienza libera da dolore e sofferenza. Quindi, ogni volta che ci si connette a questa coscienza mentre si recita, si trasforma e supera tutto il dolore fisico e la sofferenza.

Rinforzare il sistema immunitario

Quanto questo sia importante mi è sembrato improvvisamente ovvio all'inizio del 2020. Avevamo sentito del devastante effetto del coronavirus in Cina ed eravamo tutti preoccupati della sua diffusione in altri paesi. Avevo tuttavia ipotizzato che sarebbe potuto passare tutto in un paio di settimane, un po' come accadde con l'influenza suina nel 2009. Eppure, non avrei potuto immaginare che in quattro settimane il mondo intero sarebbe arrivato a fermarsi. Sembrava irreale. È stato spaventoso guardare le notizie e sentire di così tante persone morire in tutto il mondo. Ho avuto spesso la sensazione di essere un personaggio di un film di fantascienza di serie b. Avevamo visitato il Nord Italia solo l'anno prima e trascorso un periodo meraviglioso con persone coinvolgenti e affascinanti che avevano letto i nostri libri ad alta voce e che ci avevano invitato ad uscire in serate stimolanti e motivanti. Eppure, in quel momento Bergamo era la principale zona colpita dalla crisi del coronavirus e migliaia di persone stavano morendo. È stato davvero tragico. E questo non stava accadendo solo lì, ma in tutto il mondo. L'unica cosa che potevamo fare era stare attenti e cercare di potenziare il nostro sistema immunitario. Fortunatamente, sapevamo di avere un mezzo potente per raggiungere questo obiettivo.

Per coincidenza, solo un paio di mesi prima dello scoppio della pandemia del coronavirus, avevamo cercato di scoprire se recitare Daimoku avesse un effetto benefico sul sistema immunitario.

Sapevo dell'esistenza di studi sugli effetti della meditazione sul sistema immunitario: i meditatori erano stati sottoposti a test prima e dopo le sedute di meditazione. I dati hanno indicato che una meditazione di cinque ore al giorno per un periodo di quattro giorni abbassa il cortisolo, l'ormone dello stress, del 16% e aumenta il marcatore immunitario IgA del 46%. Ero meravigliata. Se c'erano voluti quattro giorni di meditazione per rafforzare il nostro sistema immunitario del 46%, che cosa sarebbe potuto accadere se avessimo recitato Daimoku? Che cosa sarebbe potuto accadere anche solo con un'ora di Daimoku?

Il potere e l'energia di Fudō si sarebbe manifestata sicuramente in una forma concreta e reale, pensai. La capacità di guarire il corpo dipende in primo luogo dal corretto funzionamento del sistema immunitario. Quindi, ho deciso di misurare l'immunoglobulina A (IgA), un anticorpo che indica la forza del sistema immunitario, prima e dopo la recitazione di un'ora di Daimoku.

Le IgA sono proteine straordinariamente potenti responsabili della sana funzione immunitaria all'interno del nostro sistema di difesa interno.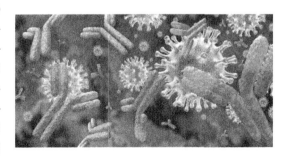
Quando viene attivata, è la proteina in prima linea nella difesa

contro le infezioni e l'indicatore primario della nostra capacità d'immunità generale. Combatte costantemente batteri, virus, funghi o altri organismi che penetrano nel nostro corpo o che sono già presenti al suo interno. La ricerca dimostra che è straordinariamente efficace e molto meglio di qualsiasi vaccino antinfluenzale o potenziatore immunitario che si possa prendere.

Eppure, se i nostri livelli di stress aumentano e proviamo emozioni negative, come paura, panico, rabbia o risentimento, allora questo porterà ad una diminuzione del valore IgA e ad un sistema immunitario indebolito. La ricerca ha dimostrato che quando i livelli di stress e quindi i livelli di ormoni collegati ad esso aumentano, tipo il cortisolo, i livelli di IgA si abbassano. Ho capito che a parte la paura di contrarre il virus, ognuno avvertiva stress e panico di fronte alla prospettiva di perdere il lavoro o avere problemi economici in un immediato futuro. Il virus ha portato la gente ad essere paralizzata dalla paura. Questo potrebbe sicuramente portare ad un indebolimento del sistema immunitario nella popolazione in generale, il che aggraverebbe solo la crisi attuale. È stata quindi una fortuna che ci fossimo chiesti un paio di mesi prima: recitare Daimoku aiuta ad aumentare la resistenza del nostro sistema immunitario?

Conoscevo un medico che collaborava con un laboratorio che avrebbe potuto condurre tali test. Abbiamo misurato la concentrazione di questo marker immunitario prima e dopo un'ora di recitazione di Daimoku. Abbiamo deciso di misurarlo da campioni di saliva. Il risultato ci ha davvero sorpreso.

Untersuchung	Ergebnis	Einheit		Vorwert	Referenzbereich/ Nachweisgrenze
Immunologie					
Sekretorisches IgA i. Speichel* Probenentnahme: 16:45 Uhr	128,0	mg/l			20,0 - 200,0
Sekretorisches IgA i. Speichel* Probenentnahme: 18:00 Uhr	198,0	mg/l		128,0	20,0 - 200,0

Il valore delle IgA era aumentato del 54% dopo solo un'ora di Daimoku. Prima di iniziare a recitare Daimoku il livello delle mie IgA era stato di 128 mg/l ed era aumentato a 198 mg/l dopo aver recitato per un'ora.

Ero sbalordita, ed anche il laboratorio dove avevamo condotto la misurazione. Mi chiesero: che cosa hai fatto in quest'ora? Cosa aveva aumentato il livello di IgA in modo così considerevole? Le misurazioni hanno mostrato che si può stimolare in maniera radicale il sistema immunitario recitando Daimoku - un fatto che ci ha aiutato enormemente durante questo periodo di pandemia – e ha dimostrato come il nostro sistema immunitario può essere rafforzato per proteggerci da qualsiasi virus.

Un così considerevole miglioramento della nostra funzione immunitaria dimostra quanto la pratica buddista di recitare Daimoku sia importante per aumentare e mantenere le condizioni fondamentali per godere di buona salute

Migliorare la qualità di vita

Quindi, recitando Daimoku, in un'ora siamo in grado di trasformare in modo considerevole il nostro stato fisico. Questo è anche ciò che ha sperimentato Sandy, una mia parente statunitense. Sandy ha fatto esperienza del potere veramente trasformativo del Daimoku.

Caso di studio 7:   Sbarazzarsi di danni alla salute

Sandy ha sperimentato un fenomeno davvero notevole, quando le sue condizioni fisiche cambiarono dopo aver cominciato a recitare Daimoku e dopo aver ricevuto il Gohonzon due anni fa. Soffriva di vari problemi di salute, ma c'era comunque una cosa particolare che la disturbava davvero. Il suo corpo aveva smesso di immagazzinare magnesio e, di conseguenza, aveva bisogno di una iniezione di magnesio ogni 3-4 giorni. I medici non ne comprendevano il motivo, certo che essere dipendenti dalle iniezioni di magnesio a volte rendeva la vita di Sandy molto difficile. Non era più in grado di viaggiare per come era abituata e aveva bisogno di avere una porta di accesso permanente sul petto attraverso la quale somministrare la sua dose di magnesio. Questo era spesso doloroso e limitava in larga misura la sua qualità di vita. Soprattutto era molto infastidita di non essere in grado di andare in vacanza come prima.

Quando andammo a farle visita nel mese di aprile dello scorso anno, organizzammo per lei un'introduzione in un gruppo regionale della SGI. In questo modo lei e suo marito avrebbero potuto imparare più facilmente a recitare Daimoku. Accettarono immediatamente e cominciarono ad andare regolarmente alle riunioni di gruppo; infine, un paio di mesi più tardi ricevettero il loro Gohonzon. In tutto quel tempo Sandy aveva recitato regolarmente e ne era contenta sempre di più. Fu a quel punto che ebbe una delle esperienze più interessanti.

Tutto ad un tratto il suo corpo cominciò ad immagazzinare nuovamente magnesio a tal punto da non necessitare più di iniezioni. Negli ultimi quattro anni la sua vita aveva risentito pesantemente del bisogno di quelle iniezioni. Ancora una volta i medici non sapevano cosa stesse accadendo. Non c'erano spiegazioni del perché il suo corpo, di colpo, potesse di nuovo immagazzinare magnesio.

L'accesso permanente ora poteva essere finalmente rimosso dal petto, così lei era in grado di andare nuovamente in vacanza senza doversi organizzare per le iniezioni nella località di villeggiatura. L'unica cosa diversa che aveva fatto era recitare, e così Sandy si convinse fermamente che queste nuove circostanze si erano manifestate grazie alla pratica della recitazione. Ora che aveva superato la sua condizione più limitante, sapeva di poter affrontare gli altri problemi di salute.

Nella mia pratica ho potuto constatare che il potere di trasformazione di *Fudō*, che aiuta a trasformare qualsiasi sofferenza fisica, può manifestarsi anche attraverso un giusto consulente medico, una persona o una sostanza, che può guarire o aiutare a superare la malattia ed il dolore. Ho vissuto la medesima situazione in Cina, quando per caso fui portata dal giusto agopuntore, che seppe guarire, in appena quattro settimane, il mal di schiena di cui soffrivo da due anni.

Trasformare il dolore emotivo

La figura di *Aizen* rappresenta il principio della "trasformazione dei desideri in illuminazione" (*Bonnō-soku-bodai*). *Aizen*, che in sanscrito si chiama *Rāgarāja*, e che ha tre occhi e sei braccia si presenta come un personaggio spaventoso. Impugna un arco ed una freccia. Il colore rosso del suo corpo rappresenta l'attaccamento della passione, tradizionalmente considerato come l'origine di ogni sofferenza. Simboleggia quindi l'aspetto della passione che tutto divora. Ecco perché il colore del suo corpo è rosso. Eppure, è lui a purificare tutti i desideri

terreni e a liberare tutte le persone dalle illusioni e dalle sofferenze causate proprio dai loro desideri terreni. Il sole dietro la sua
figura simboleggia ulteriormente la risoluta determinazione del
suo cuore illuminato.

Il principio di "trasformare i desideri in illuminazione" si riferisce
alla trasformazione di tutto il dolore e la sofferenza emotiva e psicologica. Gran parte del dolore deriva dall'eccessivo attaccamento alle persone che amiamo e alle cose che possediamo. Questo è stato il motivo principale per cui ho ricercato la pratica
buddista, dopo essere stata profondamente colpita dal dolore di
aver perso i miei genitori quando ero molto giovane. Aver perso
la casa dei miei genitori fu molto doloroso ma mi ha fatto capire
che i beni materiali che acquisiamo ci danno solo un'illusione di
sicurezza. Improvvisamente mi accorsi che ogni relazione che abbiamo qui sulla Terra è limitata a un certo momento e luogo e
inevitabilmente finirà, nella sua forma fisica, quando tutti mori-
remo. Ognuno di noi sperimenta questo tipo di dolore ad un certo
punto della propria vita. Dopo aver recitato Daimoku, tuttavia,
non percepisco più questo dolore. Ricordo i miei parenti e amici
defunti senza sentirmi triste. La tristezza ritorna, tuttavia, ma ogni
volta che la trasformo recitando Daimoku, perde presa su di me e
torna con minore forza. In più, Il principio di trasformazione di *Aizen* può trasformare le emozioni negative, che altrimenti ci fareb-
bero ammalare o ci provocherebbero sofferenza.

Recitare Daimoku significa trasformare le nostre emozioni.
Avete mai provato quell'intensa sensazione di gioia e di affermazione e quell'atteggiamento positivo che si manifestano dopo
aver recitato? Quanto più spesso evochiamo questi sentimenti,
tanato più frequentemente riusciremo a sperimentare una ricodi-
fica emotiva. Il campo dei biofotoni intorno al nostro corpo diventa più vibrante e molto più forte. Secondo il Dott. König, questo è il momento in cui le nostre emozioni positive vengono
codificate e archiviate nel nostro campo dei biofotoni, e che

cancella le esperienze negative precedentemente memorizzate. Iniziamo così a diventare emotivamente più indipendenti, perché irradiamo felicità dal profondo, e in tal modo ciò ci rende meno dipendenti da altre persone o da circostanze esterne.

Ora comprendiamo che la vitalità, la qualità della vita e la consapevolezza dipendono, in ultima analisi, dalla quantità e dalla qualità dei fotoni nel nostro corpo. Se siamo felici, sembra come se qualcuno al nostro interno avesse acceso una luce – allora il nostro corpo ha un'alta concentrazione di biofotoni, secondo il dottor König. Se i fotoni sono altamente ordinati, cioè coerenti, rimangono concentrati per un periodo di tempo molto più lungo, come un raggio laser. Ecco che questo stato di felicità rimane con noi per un periodo più lungo nel tempo. Però se il grado di ordine del campo di fotoni è basso, molti fotoni sono incoerenti. Di conseguenza, la felicità è solo una piccola fiamma tremolante e non dura a lungo. In questo caso i fotoni si spengono e si disperdono come il raggio di luce di una normale torcia. Se vogliamo rimanere nel nostro stato di felicità, abbiamo bisogno di molti fotoni coerenti, che creano ordine e armonia duratura.

Se siamo infelici o arrabbiati, d'altra parte, abbiamo un campo di fotoni debole, secondo il Dott. König. Si fa letteralmente molto più scuro dentro di noi. Sentimenti oscuri significano un'assenza di luce.

Prendiamo ad esempio l'emozione della rabbia, che generalmente porta a tutta una serie di emozioni aggressive e distruttive come l'indignazione, l'odio e la voglia di vendicarsi. Queste sensazioni di rabbia possono danneggiare seriamente la salute fisica se non vengono trasformate, e vengono memorizzate nel corpo come emozioni irrisolte.

Caso di studio 8:   Trasformare la tristezza in gioia

Ricordo in particolare il cambiamento improvviso e la trasformazione emotiva di Sabita, una donna nepalese che ho conosciuto quando vivevo in Giappone. Volevo imparare il giapponese e mi sono iscritta a un corso di lingua offerto dalla città di Kashiwa come supporto per gli stranieri. Sabita ed io passavamo molto tempo insieme prima e dopo le lezioni di lingua giapponese, quando a volte andavamo a fare shopping o a prendere un caffè.

Una mattina l'ho trovata ad aspettarmi alla stazione della metropolitana, ma la sua espressione era molto triste e depressa. Riuscivo a sentire il pesante dolore nel suo cuore, che le appesantiva tutto il corpo. Le chiesi: "Che cos'hai? sembri davvero infelice oggi". Per poco non si mise a piangere e mi disse che le mancava il suo figlioletto che aveva dovuto lasciare con i suoi genitori in Nepal; suo marito aveva trovato un posto di ricercatore in una filiale universitaria della città di Kashiwa dove vivevamo, ma non guadagnava abbastanza per poter portare il loro figlioletto in Giappone. Per loro la vita in Giappone era troppo costosa.

Un giorno andammo con un'altra amica, un'iraniana della classe di lingue, a comprare uno zainetto per la sua bambina che stava per iniziare il primo anno di scuola in Giappone. In Giappone gli zaini sono fatti di vera pelle e sono molto costosi. La mia amica iraniana voleva comprare un buon zainetto per sua figlia, in modo che non si sentisse emarginata a scuola. In quel momento la mia amica nepalese ha quasi ricominciato a piangere, perché si è resa conto che non avrebbe mai potuto permettersi uno zaino così costoso, anche se avesse trovato il modo di portare suo figlio a vivere con loro in Giappone.

Mi è dispiaciuto molto per lei e l'ho incoraggiata a recitare Daimoku per trovare una soluzione al suo problema. Ha subito accettato di provare ed è venuta a casa mia dove abbiamo recitato Daimoku insieme per la prima volta. Le è piaciuto molto e l'ho invitata alla riunione di un gruppo locale della SGI giapponese, lo zadankai. Lì è stata accolta calorosamente dal mio amico giapponese Harumi, con il quale recitavo Daimoku ogni settimana.

Così Sabita ha cominciato a recitare per trovare una soluzione al problema di poter vivere di nuovo insieme al suo figlioletto. Ha cominciato a sentirsi molto meglio e molto più ottimista dopo aver iniziato a recitare e lei e suo marito hanno anche compilato la domanda formale per ricevere il gohonzon nel gruppo giapponese locale in cui l'avevo portata. Fu allora che accadde qualcosa di inaspettato. Improvvisamente, due mesi dopo che Sabita aveva iniziato a recitare regolarmente Daimoku, a suo marito venne offerto un posto di ricercatore molto ben retribuito in un'università svedese. Questa era la soluzione al loro problema. Un paio di mesi dopo, Sabita e suo marito si trasferirono in Svezia. Ora potevano permettersi di vivere di nuovo insieme al loro figlioletto come una vera famiglia.

Ricordo ancora il volto gioioso di Sabita, con i suoi occhi raggianti, quando mi ha dato la notizia. La sua preghiera era stata esaudita e ora sembrava una persona completamente diversa, piena di energia e di risate. Il Daimoku era riuscito a trasformare il suo profondo dolore emotivo in gioia e in una vibrante speranza per un futuro migliore.

Il principio di trasformazione del veleno in medicina

Il nome dato generalmente a questo tipo di trasformazione è "trasformare il veleno in medicina" (*Hendoku-iyaku*) e si riferisce essenzialmente al miglioramento in qualsiasi situazione di vita. Attraverso la funzione di aiuto di un sentimento elevato che sorge quando noi recitiamo e attraverso il potere dell'energia del Daimoku, emozioni distruttive, tipo la rabbia, possono così essere trasformate, ad esempio, in una maggiore sensibilità alle iniquità e alle ingiustizie sociali. Si tratta di un tipo di trasformazione in cui la nostra rabbia egocentrica, focalizzata su questioni personali, può essere rediretta verso uno sforzo altruista e compassionevole per porre fine alle sofferenze altrui. Questo perché noi siamo più profondamente consapevoli della sofferenza di altre persone quando recitiamo Daimoku e sviluppiamo più compassione per le loro circostanze infelici. Dopo aver recitato per un po' di tempo, si può percepire più intensamente che siamo tutti realmente uno, che siamo tutti una coscienza.

Esercizio

Qual è la tua esperienza con questo tipo di trasformazione?
Per esempio, quando sei riuscito a trasformare un attaccamento emotivo? Quando sei riuscito a trasformare, recitando Daimoku, tetre sensazioni come tristezza, rabbia o frustrazione in sensazioni di gioia e felicità? Quando sei riuscito a trasformare un dolore fisico?

_ _

Trasformare i tuoi attaccamenti emotivi:

_ _

Trasformare il tuo dolore fisico:

_ _

Trasformare tetre sensazioni in gioia e felicità:

_ _

Il potere della protezione

I quattro re celesti

Oltre al potere di trasformazione c'è un altro principio miracoloso che prende vita quando recitiamo Daimoku al Gohonzon. Quando viene attivata la Legge mistica, i "quattro re celesti" posti agli angoli del Gohonzon si attivano a loro volta. In tal modo manifestano chiaramente la loro funzione protettiva. Se osservi da vicino la loro rappresentazione iconografica, vedrai che calpestano malvagie creature demoniache (*vedi la figura seguente*).

In questo modo ci proteggono da qualsiasi attacco nocivo e malvagio proveniente dall'esterno

Bishamon-ten
Jikoku-ten

Na
m(u)
myō
hō
ren
ge
Kyō

Zōchō-ten
Kōmoku-ten

La madre protettrice Kishimojin e i suoi assistenti

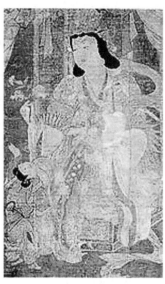

Il bassorilievo di Hariti con i suoi figli su un muro del tempio buddista Mendut del IX secolo, a Giava

Kishimojin con un neonato

Periodo Kamakura XII-XIII secolo, Daigo-ji, Kyoto

Oltre ai re celesti, il Mandala Go-honzon comprende rappresenta-zioni di corpi celesti come il Sole, la Luna e Venere, nonché divinità indiane pre-buddiste come *Brahman*, *Indra* e *Asura*, che in origine era un nemico geloso e ze-lante di tutti gli esseri di luce celeste. Altri esseri demoniaci di ori-gine indiana, come *Kishimojin* (skr. Hāritī) e le dieci Rakshasasas (*Jūrasetsunyo*) si trovano inscritti sul Gohonzon. Nichiren si riferi-sce spesso a questi demoni femminili nei suoi scritti, perché ap-paiono nel capitolo 26, il "capitolo *Dharani*", dove fanno voto di proteggere tutti coloro che custodiscono e recitano il Sutra del Loto.

Kishimojin, conosciuta come *Hariti* in epoca pre-buddista, era uno spirito di natura cannibale di basso rango, che ora si è trasformato in una dea che protegge madri e bambini. Un giorno, dopo aver visitato il tempio Ikegami, siamo passati davanti a un piccolo tem-pio dove la gente pregava e faceva offerte. Chiesi a mio marito che tipo di tempio fosse, e lui mi disse che era un tempio dedicato a *Kishimojin* e che le persone pregavano per la protezione dei loro figli. In quel momento mi sono resa conto che per molti giapponesi *Kishimojin* rappresenta un vero e proprio potere protettivo in cui credere.

Alla luce di questo contesto storico, mi è venuto in mente che tutte le funzioni protettive inscritte sul Gohonzon hanno assunto forme e nomi diversi a seconda delle loro origini culturali. L'energia amorevole e protettiva di *Kishimojin* dovrebbe quindi essere intesa come una caratteristica che identifica tutta l'energia amorevole e protettiva degli esseri di luce. Ad esempio, in Occidente, tali esseri sono solitamente definiti come "angeli".

Un angelo custode che protegge i

La funzione di tutte queste diverse forze è sempre la stessa: proteggerci o aiutarci a realizzare i nostri desideri e liberarci da ogni dolore fisico ed emotivo.

> Non siamo soli, perché siamo circondati e sostenuti da tutte le forze protettive e benevole dell'universo

Quindi, queste divinità e demoni funzionano anche nella loro capacità simbolica di divinità benevole, come manifestazioni della funzione protettiva dell'universo stesso (*Shoten zenjin*) per sostenerci nella realizzazione delle nostre visioni.

Un supporto inatteso

Finora sono tutte rappresentate come simboli, ma le loro funzioni di supporto e protezione possono anche essere svolte da determinate altre persone in alcune circostanze particolari. Tali esperienze sono intrinsecamente correlate attraverso la "coincidenza mistica della sincronicità" che normalmente non possiamo né pianificare né controllare attraverso la nostra mente cosciente ordinaria.

Ciò significa che quando recitiamo Daimoku, siamo protetti, supportati e guidati dalla coscienza cosmica in modi che noi non potremmo mai concepire. Una funzione di protezione può essere manifestata attraverso un amico o anche un estraneo che appare proprio al momento giusto per aiutarvi. La recitazione del Daimoku ci pone in coerenza con la coscienza cosmica che poi porta le persone giuste nella nostra vita in sintonia con questa coerenza.

Caso di studio 9:   Protezione dal disastro

Ho fatto questa esperienza due anni fa quando abbiamo avuto un problema con il soffitto del nostro soggiorno. C'era stata una perdita d'acqua dal soffitto, il che indicava che era penetrata acqua attraverso il balcone del loft. Ormai vi era già una macchia e avevamo paura che la perdita potesse portare alla fuoriuscita di muffa lungo tutto il soffitto. Abbiamo deciso di far asciugare la macchia e di fare solo dopo la riparazione. Quella mattina, mentre recitavo, pensavo a quale società avremmo dovuto chiamare per risolvere il problema, ma non me ne veniva in mente nessuna. Decisi di chiedere a un'amica se avesse un'idea su quale compagnia sarebbe stata la più adatta, vista la situazione.

Più tardi quel giorno decisi di andare in città e farmi tagliare i capelli. Andai dalla mia parrucchiera vietnamita, la quale mi disse che in quel momento non aveva posto e di ripassare un'ora dopo. C'era un altro suo amico vietnamita seduto lì e mi chiese, quando stavo per andarmene, se sarei tornata più tardi.

Gli dissi di sì, che sarei tornata. Quando tornai, dovetti ancora aspettare un paio di minuti e questo ragazzo era ancora lì e iniziò a parlare con me. Scoprii che era un artigiano, con una sua società, che era il suo giorno libero e lo stava trascorrendo visitando tutti i suoi amici vietnamiti. Gli parlai del nostro problema, della macchia sul soffitto e dell'acqua che perdeva e mi disse che non sarebbe stato un problema per lui. Così, ci organizzammo perché venisse il giorno dopo a dare un'occhiata al soffitto e al balcone che perdeva.

Iniziò a lavorare al problema e scoprì subito che l'intero balcone era già pieno d'acqua. Lo aprì e lo riparò. Scoprì che se non l'avesse fatto in quel momento, il legno si sarebbe spaccato e sarebbe diventato un vero problema perché ci sarebbe stata muffa dappertutto. Ciò avrebbe comportato che la nostra casa sarebbe diventata inutilizzabile e avrebbe riportato danni irreparabili. Il problema fu risolto appena in tempo per evitare danni permanenti. La cosa curiosa era che non si vedeva quanto grande fosse il problema, in quanto non si vedevano perdite d'acqua dall'esterno.

Questo artigiano vietnamita si rivelò una vera benedizione: ci offrì così tante soluzioni ad una varietà di problemi riscontrati con la casa. Ci aiutò anche a rimodernare l'appartamento al piano di sotto, in modo da poterlo affittare. Chiamare una qualsiasi altra società avrebbe significato aspettare alcune settimane e pagare migliaia di euro per fare tutto questo lavoro, eppure lui ci offrì il suo aiuto ad un prezzo ragionevole.

Dopo questa situazione divenne un nostro buon amico. Quando avevamo bisogno del suo aiuto, vaniva da noi entro uno o due giorni, anche quando aveva molto altro lavoro. Inoltre, si è sempre fatto pagare un prezzo ragionevole. Ancora una volta ho sentito profondamente di essere stata guidata e diretta verso questo artigiano che ha salvato la nostra casa e ci ha reso felici.

Esercizio

Grazie alla tua pratica buddista devi aver vissuto questo tipo di funzioni protettive e di supporto dell'universo. In quale forma si sono manifestate? A cosa somigliavano? Puoi descrivere come si è sviluppata la situazione e qual è stato il risultato?

Qual era la situazione iniziale?

Chi o cosa ha avuto un ruolo nel processo?

Qual è stato il risultato?

Recitare Daimoku davanti al Mandala Gohonzon attiva
tutte le funzioni di supporto e protezione dell'universo
per abilitare circostanze particolari che permettono alla mistica
coincidenza della sincronicità di lavorare a tuo favore

Capitolo 7

Myō-Hō,
la legge di potenzialità e realtà

> C'è una potenzialità infinita che caratterizza l'intero cosmo. C'è una coscienza cosmica a cui partecipa la nostra coscienza individuale.
> — *Lothar Schäfer*

Siamo sempre in comunicazione con l'universo

Iniziai lentamente a capire che le mie circostanze esterne avevano qualcosa a che fare con il mio stato di coscienza interiore. All'inizio recitare Daimoku lo consideravo un esperimento; volevo vedere se, attraverso modifiche interiori, questa pratica avrebbe avuto un effetto evidente sulla mia vita. Nel frattempo, mi sono resa conto che quando rimango bloccata nella vita, ho davvero bisogno di guardare i pensieri che occupano la mia mente continuamente, in particolare come mi comporto ogni giorno, e anche quali emozioni provo abitualmente.

La forza vitale compassionevole dell'universo brama di sapere cosa desideriamo creare ogni momento di ogni giorno. Quindi, se ci ricordiamo che emaniamo energia in ogni istante, ne consegue che c'è una forza vitale intelligente che sta ricevendo la nostra energia e sta rispondendo ad essa. La riceve e risponde ad essa continuamente.

Tutti noi siamo torri di energia che trasmettono segnali a cui l'universo risponde ogni momento di ogni giorno. L'energia che crea tutte le cose scorre dinamicamente attraverso di noi. Eppure, noi siamo nati con il potere di controllarla. La domanda è: come dovremmo controllarla?

Vivere in un universo quantico

Ricordi il campo quantico, di cui abbiamo parlato nel nostro primo libro "Trasforma la tua energia - cambia la tua vita -Buddhismo Nichiren 3.0"? Secondo il modello quantico spirituale del Dott. Joe Dispenza, si tratta di un livello di pura potenzialità, oltre lo spazio e il tempo. Lì tutto già esiste come potenziale energetico. Tutte le potenziali esperienze esistono lì come modelli di frequenze energetiche nell'infinito "mare di tutte le potenzialità".

La cosa più strabiliante è che questo campo energetico quantistico sembra reagire alla coscienza. Esso vive in un costante stato di illimitata possibilità, mentre ogni possibilità sta cercando di "prendere forma" o di "materializzarsi" oppure manifestarsi attraverso l'influenza della coscienza. Non viviamo in un universo meccanico come un orologio newtoniano ma viviamo in un universo quantico fondamentalmente radicato nella coscienza.

E secondo il ricercatore scientifico Dawson Church, un universo quantico è un insieme di possibilità suscettibili all'influenza di molti fattori, tra cui il pensiero, la volontà e l'intenzione. Questo è il caso in cui gli scienziati sono giunti alla conclusione che anche la coscienza è energia.

> Tutti i nostri pensieri, le idee, le emozioni e le intenzioni
> sono in realtà energia

La nostra realtà è multidimensionale

Un mondo di potenzialità è, ovviamente, un mondo completamente diverso, con le sue proprie leggi e modi di esistere e la cosa affascinante è che questo "altro mondo" è direttamente intrecciato con la nostra realtà, come i due lati di una pagina. Di conseguenza, ciò che noi percepiamo con i nostri sensi non rappresenta semplicemente l'espressione di una qualche potenza o energia nascosta, quanto, a un livello più profondo, rappresenta la manifestazione reale della coscienza cosmica in sé, che in ultima analisi è alla base di tutti i fenomeni. Inoltre, è la nostra coscienza individuale, attraverso la manifestazione dei nostri pensieri e sentimenti, che fornisce il modello attraverso il quale la nostra comprensione locale della realtà è mediata da questa coscienza cosmica.

Abbiamo la tendenza a vedere le nostre azioni come le cause principali per la realizzazione dei nostri obiettivi. Abbiamo sempre pensato che prima si deve fare un'azione e poi si ottiene il beneficio di questa azione. Però, nel momento in cui cominciamo a comprendere il più sottile regno della coscienza, ci rendiamo conto che il contrario è in realtà più efficace. Quando recitiamo, possiamo allinearci con il nostro pensiero, l'emozione e l'energia, all'esito desiderato, e questo ci condurrà alle azioni che supporteranno il suo manifestarsi. Questo accade nel momento in cui facciamo azioni quando siamo più genuinamente ispirati e non forzati da un obbligo o da un cieco attivismo.

Dopo molti anni di recitazione di Daimoku, mi sono resa conto che se vogliamo modificare le nostre circostanze esterne, dobbiamo avviare il cambiamento *dall'interno*. Ma cosa si intende esattamente con l'esistenza simultanea di due stati separati?

Myō-Hō: viviamo in un mondo di duplice aspetto

Mi ricordo che il principale motivo per cui ho iniziato a cercare una pratica spirituale era il dolore causato dalla morte di così tante persone nella mia famiglia. Le cose cambiavano di continuo. In qualche modo trovo difficile gestire questa situazione. Ho dovuto accettare il fatto che la morte è un processo della vita che tutti dobbiamo affrontare.

Un importante aspetto della Legge Mistica (Myō-Hō) è sicuramente il "principio di causa ed effetto" secondo cui tutti i fenomeni sono soggetti al cambiamento e non rimangono gli stessi col passare del tempo. Questa intuizione sulla natura effimera delle

nostre vite e del mondo è alla base degli insegnamenti fondamentali del Budda Shakyamuni.

Così, il principio di causalità è intrinsecamente legato agli aspetti
della vita e della morte o in termini più generali, agli aspetti di
realtà e potenzialità e di esistenza e non-esistenza. La realtà che
ci circonda, che comprende la forma materiale di tutte le cose, è
soggetta al costante cambiamento tra potenzialità e realtà.

È un concetto che si mostra chiaro ai miei occhi ogni volta che
guardo fuori ed osservo il grande albero dalla finestra del mio soggiorno. In estate è verde e pieno di foglie le quali, in autunno, ca-
dono. In inverno l'albero è spoglio ma io so con certezza che le
foglie in estate torneranno, esattamente come l'anno precedente. Il potenziale, sotto forma di informazioni, è li. In inverno,
le foglie sono tornate a uno stato di potenzialità, in estate possono essere viste pienamente manifestate. Anche Nichiren os-
servò questo ciclo naturale:

> In autunno e in inverno le piante e gli alberi sono secchi e spo-
> gli, ma quando su di loro risplende il sole primaverile ed estivo,
> si coprono di rami, foglie, fiori e frutti.
> *Il Daimoku del Sutra del Loto,* RSND I, pag. 148

Lo stesso principio si applica a tutte le persone. È sempre uno
shock per me quando qualcuno muore. Improvvisamente, una
persona con cui abbiamo parlato ieri e che abbiamo potuto vedere, ascoltare, sentire e toccare non c'è più. Lo stesso principio
si applica a tutte le persone. Si tratta sempre di un forte colpo per
me quando qualcuno muore. Eppure, percepiamo ancora un profondo legame con questa persona. È tornata al suo stato potenziale. Ecco perché "*myō*" significa anche "morte" e " *hō*" significa
anche "vita".

> *Myō* significa morte, *hō* vita. Gli esseri viventi che attraversano
> le due fasi di vita e morte sono le entità dei Dieci mondi, o le
> entità di Myoho-renge-kyo. [...] In questa spiegazione "esseri

viventi e loro ambienti" designano i fenomeni di vita e morte. Dunque, dove c'è vita e morte è chiaro che sussiste anche causa ed effetto, cioè la Legge del Loto. Il Gran Maestro Dengyo disse: «Le due fasi di vita e morte sono le funzioni mistiche di un'unica mente. Le due modalità dell'esistenza e della non esistenza sono le vere funzioni di una mente intrinsecamente illuminata». Nessun fenomeno– cielo o terra, yin o yang, il sole o la luna, i cinque pianeti, o i vari mondi da inferno a Buddità – è esente dalle due fasi di vita e morte. Vita e morte sono semplicemente le due fasi di Myoho-renge-kyo.

L'eredità della legge fondamentale della vita, RSND I, p.189

Pertanto, Myō-Hō rappresenta la legge di costante cambiamento che si applica a tutti i fenomeni, dal vuoto dello stato di potenzialità alla realtà dello stato di manifestazione, e viceversa. Essere consapevoli di questo semplice fatto della nostra vita quotidiana ci rende più sensibili riguardo alla nostra relazione con il cosiddetto "mondo reale" in cui viviamo. Non è così solido come si appare, non è fisso o immutabile. Questo duplice aspetto della realtà diventa ancora più vivido quando comprendiamo la potenzialità in termini di energia.

La dimensione energetica dietro la realtà materiale

Sei consapevole che ogni volta che percepiamo la realtà fisica, materiale interagiamo anche con una realtà invisibile? Sapevi che noi stessi abbiamo una dimensione invisibile? Questa è "reale" tanto quanto la dimensione fisica che percepiamo con i nostri sensi. Prendiamo una mano, ad esempio. La maggior parte di noi probabilmente la identificherebbe con l'immagine sulla sinistra perché ci siamo abituati a vederla così. L'immagine a destra, tuttavia, è altrettanto "reale". È una foto del suo campo energetico. Ognuno di noi ha un campo energetico, eppure la maggior parte delle persone non ne è a conoscenza.

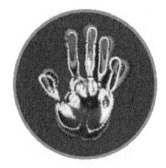

Aspetto visibile (Hō)   Aspetto invisibile (Myō)

Ciò che è di solito più difficile da capire è che noi abbiamo sia una dimensione fisica, sia una dimensione energetica, che esistono *allo stesso tempo*. Certo, la realtà ha diverse dimensioni. C'è sia un tu fisico che un tu energetico. Quello che vediamo all'esterno è il mondo fisico. Ma l'energia è la forza sottostante che guida tutte le cose. È la forza attivatrice che sta dietro tutto ciò che è fisico. Noi sperimentiamo l'energia in due modi distinti. Da un lato, siamo in grado di sperimentare e tentare di cambiare il mondo fisico che vediamo, odoriamo, udiamo, tocchiamo, assaggiamo e percepiamo. Questo è ciò che tutti noi cerchiamo di fare ogni giorno. Pensiamo di sapere esattamente come farlo. Dall'altro, la dimensione energetica del mondo non è poi così ovvia per i nostri sensi.

Il nostro campo di energia rivela la nostra condizione fisica

La dott.ssa Valerie Hunt, professoressa presso l'UCLA (Università della California, Los Angeles) è stata una dei primi scienziati a dimostrare l'esistenza del campo energetico umano per mezzo di registrazioni delle alte frequenze fatte nel suo laboratorio presso l'IJCLA. Ha dimostrato che questo campo cambia in modo dinamico a seconda delle condizioni fisiche, delle emozioni e motivazioni, di una persona che sta interagendo con l'energia irradiata da oggetti e da altri esseri viventi. L' emozione che sperimentiamo si manifesta nel nostro campo energetico. Questa foto mostra una relazione affettuosa e amorevole tra una madre e suo figlio. Si può notare come i campi energetici della madre e del suo bambino si sovrappongano in senso armonico.

La dott.ssa Hunt è stata anche una dei primi scienziati a prestare attenzione alla relazione tra i cambiamenti nel nostro biocampo e la nostra salute. Ha ritenuto che sintomi si manifestino a causa di un disturbo nel nostro campo ener‑

getico. Di conseguenza, se siamo in grado di correggere tale disturbo, i sintomi fisici dovrebbero scomparire. Secondo Hunt, se vogliamo guarire il nostro corpo, dobbiamo intervenire al livello del campo di energia, al livello del progetto originario di noi stessi, per così dire. Se si interviene solo fisicamente, attraverso strumenti chirurgici, oppure farmaci, per esempio, ma senza modificare il modello, allora qualsiasi condizione di cui stiamo soffrendo si ripresenterà. Insieme ad altri scienziati, la dott.ssa afferma che il campo energetico intorno al proprio corpo è un modello che determina ciò che si manifesta nel nostro corpo fisico e nella nostra vita. Sembrerebbe addirittura che esistano prove del fatto che le interferenze nel campo energetico di una persona possano precedere qualsiasi lesione o incidente che una persona subisce in seguito.

Hunt suggerisce che questo campo di energia contenga un'impronta delle nostre prime esperienze di vita, delle nostre malattie

ereditarie, persino dei ricordi prima di nascere. Il campo energetico organizza la nostra attuale realtà. È il coreografo della nostra
esperienza di vita, a meno che non siamo in grado di purificare le
impronte nel nostro campo di energia.

Per la Dr. Valerie Hunt, tutti i nostri limiti sono la conseguenza
di un campo di bioenergia incoerente; quando riusciamo a bilan-
ciare il nostro campo energetico, è allora che diventiamo degli esseri umani pienamente funzionali. Salute, energia, creatività, le
nostre condizioni psicologiche e fisiche - sono tutti aspetti del nostro potenziale umano. Limitiamo il nostro potenziale a seconda
di come scegliamo di gestire le nostre emozioni, a volte creando
modelli incoerenti di energia che bloccano o distorcono il flusso
dell'energia attraverso il nostro campo energetico.

La dott.ssa Hunt sostiene che la nostra percezione è colorata dal
flusso e dalla dinamica dell'energia nel nostro campo e soprattutto dall'energia emotiva che è il suo principio organizzativo. Ciò
significa che se vogliamo cambiare il nostro stato fisico, dobbiamo
prima cambiare la nostra energia. È esattamente ciò che facciamo
quando recitiamo Daimoku, consapevoli che recitare Daimoku
porta coerenza al nostro campo energetico.

È il campo energetico a creare e influenzare la realtà fisica e
non viceversa

Esercizio:

Chiediti: sei il tipo di persona che tende a preoccuparsi molto? O
di solito sei abbastanza calmo? Questo dovrebbe dirti quanto sia
coerente o incoerente il tuo campo energetico.

Prima avviene il cambiamento di energia

Quando abbiamo mi-
surato i nostri campi
energetici durante la
recitazione, abbiamo
usato il dispositivo
GDV inventato dal
professore russo Ko-
rotkov. Questo di-
spositivo misura l'e-
missione di biofotoni
del nostro corpo,
consistenti, in realtà,
di piccoli frammenti

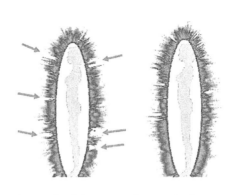

Aumento del campo di energia dopo
dieci minuti di daimoku

di luce. Le nostre misurazioni hanno dimostrato che le emissioni
di biofotoni aumentano durante la recitazione.

Ora immaginate la recitazione del Daimoku di fronte al Gohonzon. Non diventiamo normalmente più consapevoli dell'energia
nel nostro corpo e nell'ambiente circostante? Non ci sentiamo
riempiti con l'energia del Daimoku e che il nostro intero corpo vibra ad una frequenza armonica e piacevole? Una volta percepiti
questi cambiamenti energetici nel nostro corpo e nel nostro ambiente, dopo aver fatto Daimoku, impariamo che trasformare la
nostra energia in realtà è molto più facile che cambiare le circostanze esterne a noi nel mondo fisico.

Come discusso in precedenza, i nostri corpi sono circondati da
campi invisibili di energia elettromagnetica. Se però continuiamo
a vivere in uno stato di continuo stress, continuiamo a sottrarre
energia a questo campo invisibile, come afferma il dott. Joe Dispenza. Questo accade perché stiamo costantemente sottraendo
energia da questo campo e la trasformiamo in chimica. Più lo facciamo, più il campo elettromagnetico intorno al nostro corpo si
riduce.

Il risultato? dimi-
nuiamo La nostra
luce e non ab-
biamo più energia
a disposizione per
mettere in pratica
le nostre visioni e
per creare una
nuova vita. Questo
punto è fonda-
mentale in quanto
tocca la natura
delle nostre visioni

 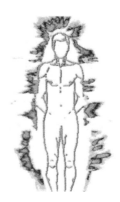

Campo normale   Campo ridotto

e delle nostre intenzioni. Per crearci una nuova vita, abbiamo bisogno di questa energia elettromagnetica intorno al corpo. Questo perché le nostre visioni e intenzioni ne hanno bisogno, come
dimostrato dalla ricerca. Sembra che per avere una forte e chiara
visione nella nostra vita abbiamo necessità di attingere da questo
campo del nostro corpo. Il principio di *Myō-Hō* dimostra che l'e-
nergia si manifesta nel mondo fisico e materiale. Se vogliamo
cambiare il mondo fisico, visibile, dobbiamo cambiare prima la dimensione energetica. Tuttavia, la maggior parte delle persone si
concentra solo sul cambiamento delle situazioni esterne. Igno-
rano la loro dimensione energetica.

Prima di tutto dobbiamo allinearci energicamente
a ciò che vogliamo

Realtà Duale

La realtà invisibile piena di possibilità
oltre il tempo e lo spazio

La realtà materiale con la dimensione
spazio-tempo

Capitolo 8
Osservare la realtà

> Poiché la nostra coscienza nota tutto, essa osserva e presta attenzione a noi. È consapevole dei nostri pensieri, dei nostri sogni, del nostro comportamento e dei nostri desideri. "Osserva" tutto ciò che ha forma fisica. — *Joe Dispenza*

Il principio della dualità delle particelle nella fisica quantistica

Non viviamo in un mondo materiale solido ed inerte bensì in un mondo vitale, pieno di energia e cambiamento dinamico. Come visto nel capitolo precedente, il termine *Myōhō* quindi indica la duplice natura della vita e il mondo inteso in termini di vita e di morte, di energia e di materia, o in un senso più generale, di potenzialità e realtà. La cosa più affascinante è che il suo duplice aspetto è anche una caratteristica del livello sub-atomico della materia.

Tutti i quanti, come i fotoni e gli elettroni, presentano questo duplice aspetto dell'esistenza: sono sia onda, sia particella. Ciò che veramente ci interessa di questo aspetto, non è solo capire la natura dei quanti, quanto piuttosto la questione di come la nostra coscienza influenzi il mondo esterno che ci circonda. Cercando prove di come ciò avvenga, è stupefacente scoprire in realtà quante prove scientifiche ci siano. Tra le altre cose, inoltre, vi sono una serie di particolari esperimenti noti come gli "esperimenti della doppia fenditura", che hanno portato ad una nuova scoperta, definita "effetto osservatore", che fornisce evidenze sostanziali all'affermazione generale che "la mente può cambiare la materia."

Inizialmente, agli albori del XIX secolo, l'esperimento della doppia fenditura fu condotto con lo scopo di determinare la natura della luce. Era già stato dimostrato che la luce aveva caratteristiche ondulatorie. Successivamente, attraverso ulteriori esperimenti, venne dimostrato che aveva anche le caratteristiche di una particella. Considerato questo, divenne pensiero comune che la luce avesse il duplice aspetto di onda e particella. Nel corso del drammatico sviluppo della meccanica quantistica a partire dagli anni '20, gli scienziati hanno scoperto lo strano fenomeno che "i quanti fanno collassare le onde in particelle quando vengono osservati". Questa scoperta ha portato alcuni a concludere che le nostre intenzioni coscienti possono avere un impatto diretto sulla realtà fisica. Bene, diamo un'occhiata più da vicino a questo fenomeno conosciuto come "effetto osservatore".

L'effetto osservatore nell'esperimento della doppia fenditura

Per iniziare, immaginate di lanciare alcune palle da tennis su un muro che ha due fessure. Alcune delle palline da tennis rimbalzeranno, altre passeranno attraverso le fessure. Una volta che hanno attraversato le fessure, le palle da tennis colpiranno uno schermo che registra le loro traiettorie. Cosa dovremmo aspettarci di vedere? Non ci aspetteremmo di vedere due schemi di traiettorie ciascuno somigliante al modello delle due fenditure? Effettivamente è così. Questo è esattamente ciò che vediamo.

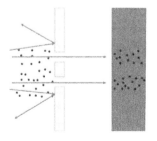

Consideriamo ora però questo esempio a livello subatomico e invece di palle da tennis, proviamo a lanciare dei quanti, tipo fotoni ed elettroni, su una piastra con due fessure ed uno schermo dietro che registra le loro traiettorie. Teniamo presente che sappiamo già che un fotone ha il duplice aspetto di essere simultaneamente sia onda che particella. Non dovremmo aspettarci che i fotoni si comportino esattamente come le palle da tennis? Non dovremmo aspettarci di osservare due schemi di traiettorie più o meno della stessa forma delle due fenditure?

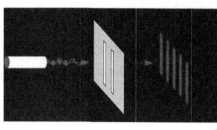

Beh, la cosa sorprendente è che questa volta non è così, in quanto ora vediamo varie strisce sullo schermo posteriore. Questo modello assomiglia all'effetto a catena ondulatorio che si provoca quando una palla viene lanciata in acqua attraverso un muro con due fessure.

Questo perché i fotoni in movimento passano attraverso le fessure sotto forma di due onde, ognuna delle quali si propaga da ciascuna delle fessure. Le due onde si rinforzano a vicenda o si annullano a vicenda, mostrando così un preciso "modello di

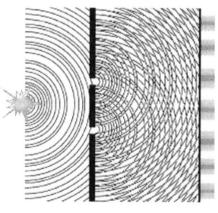

interferenza". Questa caratteristica tipica dell'interazione di un'onda è evidenziata dai vari modelli registrati sullo schermo posteriore.

A questo punto sorge una domanda: Ogni fotone passa attraverso una sola fessura o attraverso entrambe le fessure contemporaneamente? A questa domanda non si può rispondere perché nell'istante in cui uno scienziato installa uno strumento di misura per osservare ciò che accade lo scienziato non osserva più uno schema d'onda. Al contrario, è stato scoperto qualcosa di più strano. Nell'istante in cui viene installato uno strumento di misura, i fotoni e gli elettroni che sono stati sparati sulla piastra si registrano solo come particelle e sono registrati in due strisce distinte con più o meno la stessa forma delle due fessure. Non si osserva più uno schema ondulatorio, poiché i fotoni e gli elettroni ora si registrano solo come particelle.

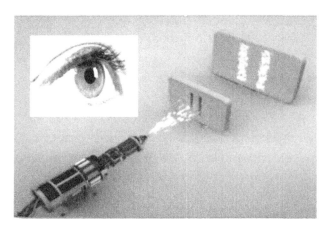

I quanti si comportano come particelle quando vengono osservati. Questo fenomeno si chiama "effetto osservatore" e fa collassare la funzione d'onda in particelle

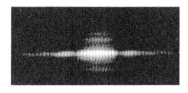

I quanti producono uno schema d'onda di interferenza quando non vengono osservati

I quanti si manifestano sotto forma di singole particelle quando vengono osservati

Questa scoperta è stata rivoluzionaria, in quanto nella fisica classica, non si credeva che il processo di misurazione o osservazione di per sé potesse in qualche misura influenzare il risultato.

Stiamo osservando la nostra realtà?

La spiegazione scientifica dietro tutto questo è che le particelle subatomiche vivono in uno stato di *potenzialità* fino a quando non vengono osservate. Prima di esserlo, le particelle subatomiche hanno solo il potenziale per diventare qualcosa di definito e  materiale. L'applicazione di questa intuizione presa dall'esperimento della doppia fenditura, ci fa giungere alla conclusione che sono le *nostre* aspettative, la nostra concentrazione e osservazione, a permettere alle particelle subatomiche di manifestarsi come oggetti concreti. Di conseguenza, questi risultati sperimentali indicano una dimensione completamente nuova per il ruolo della coscienza!

Poiché l'"effetto osservatore" dimostra il ruolo primario dell'osservatore umano nell'influenzare il comportamento dei quanti, allora si può concludere che stiamo costantemente influenzando e trasformando la realtà a livello quantistico o subatomico.

Gli esperimenti a doppia fenditura suggeriscono che la coscienza influenza in continuazione il mondo materiale che ci circonda.

Nel suo libro "The Intention Experiment" che considera la questione di come l'intenzione influisca sulla materia, Lynne McTaggart ha riassunto così le implicazioni pratiche dell'effetto dell'osservatore:

> La coscienza vivente è in qualche modo centrale in questo pro-
> cesso di trasformazione del mondo quantistico non costruito in
> qualcosa che assomiglia alla realtà quotidiana.
>
> — *Lynne McTaggart*

L'effetto osservatore ci mostra in modo drammatico quanto la
mente e la materia siano strettamente interconnesse. Le particelle appaiono secondo le aspettative di un osservatore. Quando
l'osservatore non è più presente, torneranno alla loro funzione
d'onda e diventeranno di nuovo una nuvola di possibilità.

Esercizio:

C'è una particolare parte della tua vita o situazione nella tua vita in
cui vorresti avere di nuovo un'intera nuvola di possibilità a tua disposizione?

_____

Scrivi una o due presunzioni o aspettative con le quali potresti considerare automaticamente una tale situazione:

_____

Se c'è un numero infinito di potenzialità e opportunità nel campo
della coscienza cosmica a cui abbiamo accesso mentre recitiamo,
ci sono uno o più modi per risolvere questa situazione in modo ot-
timale?

_____

Mente e materia interagiscono?

Poiché l'effetto osservatore evidenzia l'importanza dell'osservatore umano nell'influenzare il comportamento dei quanti, ciò implica che stiamo costantemente trasformando la realtà a livello
quantistico o subatomico. Come citato sopra, l'effetto osserva-

tore è stato infatti frequentemente interpretato in questo modo e ogni volta che vi è un osservatore umano, la realtà si modifica a livello quantistico o subatomico.

Tuttavia, molti scienziati materialisti sono radicalmente in disaccordo con tale interpretazione, sostenendo che l'esperimento non riguarda affatto un essere umano che compie una particolare osservazione personale, ma piuttosto che l'osservazione viene effettuata da un rilevatore automatico materiale inattivo, che solo per analogia "osserva" l'evento. L'interazione mente-materia è, quindi, considerata semplicemente una mera speculazione. In effetti, tali scienziati sono scettici sul fatto che l'intenzione cosciente umana in sé possa risultare in un "effetto osservatore". Si ritiene molto più probabile che tale effetto sia semplicemente il risultato di un intervento fisico di uno strumento di misura automatizzato che "fa collassare le onde in particelle".

Tutto questo dibattito ha portato il dottor Dean Radin, capo scienziato dell'Istituto di Scienze Noetiche (IONS), a porre alcune domande fondamentali: L'"osservatore" deve essere solo una macchina progettata per rilevare la presenza di fotoni, o l'osservatore deve essere in realtà un osservatore umano, che è l'unico in grado di far collassare la funzione d'onda? L'intenzione umana focalizzata può avere di per sé un impatto fisico sulla realtà materiale?

Pur sollevando tali questioni, il dottor Radin è chiaramente consapevole della tendenza verso il "senso comune" in fisica, che normalmente cerca di escludere il fattore coscienza in ogni considerazione che riguardi la realtà materiale. Egli è critico nei confronti di questo particolare pregiudizio scientifico, che si trova in tutte le scienze naturali consolidate, che sminuisce il ruolo dell'intenzione cosciente umana come segue:

> L'idea che la coscienza possa essere collegata alla formazione della realtà fisica è stata associata più alla magia medievale e alle cosiddette idee New Age che alla sobria scienza. [...] Per più

di 50 anni tali studi sono stati considerati inadatti per gli inve-
stigatori seri.
*Consciousness and the double-slit interference pattern:
Six experiments*, Phys. Essays 25, 2 (2012), p. 170

Inoltre, il dottor Radin non solo ha iniziato a indagare sul ruolo
dell'intenzione cosciente umana e sull'"effetto osservatore", ma
ha anche cercato di trovare una risposta alla domanda se un particolare stato di coscienza sia necessario per produrre un tale effetto. In breve, egli chiese espressamente se i meditatori esperti
potessero influenzare l'esito dell'esperienza della doppia fenditura in modo più immediato e significativo rispetto a quegli osservatori che non hanno esperienza di meditazione.

Questo spiega perché nel 2012 il dott. Radin ha condotto esperimenti per determinare espressamente se l'attenzione cosciente
può effettivamente influenzare il modello di interferenza di una
classica configurazione a doppia fenditura. Il suo gruppo ha te-
stato 137 persone in 6 esperimenti, per un totale di 250 sessioni
e altre 250 sessioni di controllo senza osservatori. Con un'affida-
bilità statistica estremamente elevata, i risultati hanno dimostrato che la consapevolezza può fare proprio questo!

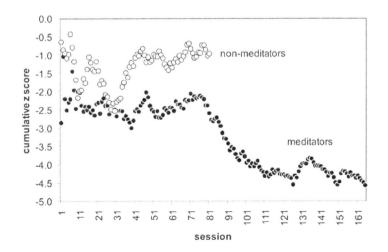

I risultati hanno confermato che i meditatori sono stati in grado di provocare uno spostamento significativo da uno schema ondulatorio previsto, e molte particelle solitarie sono state identificate anche se normalmente si sarebbero dovute osservare solo particelle che agiscono come onde. Di conseguenza, i meditatori avevano causato un collasso altamente significativo della funzione d'onda. Dean Radin ha anche scoperto che i meditatori esperti erano particolarmente in grado di causare un tale spostamento rispetto ai non meditatori.

Ha inoltre condotto 5.000 sessioni con esperti meditatori, e un computer funzionante come controllo ha registrato altre 7.000 sessioni. Le sessioni tenute dal computer non hanno avuto alcun effetto, ma i meditatori hanno causato un collasso significativo della funzione d'onda. Era l'intenzione umana concentrata che sembrava "far collassare l'onda in una particella".

Infatti, questo esperimento può essere condotto da uno strumento di misura da solo o da uno sperimentatore umano che sta semplicemente osservando le particelle. La ricerca ha dimostrato che un essere umano in carne ed ossa ha un effetto decisamente migliore di qualsiasi dispositivo automatico nel registrare il comportamento di fotoni ed elettroni. L'"intenzione cosciente" di un essere umano sembra essere più potente dell'impulso elettromagnetico di uno strumento di misura nell'influenzare il risultato.

Il dottor Radin ha anche collegato i meditatori ad un EEG per monitorare la loro attività cerebrale mentre stavano ottenendo i migliori risultati durante l'esperimento della doppia fenditura. I test EEG hanno fornito ulteriori prove del fatto che quando le persone si concentravano con la massima intensità e concentrazione, la loro capacità di influenzare l'esito dell'esperimento della doppia fenditura aumentava, e quando non erano più così concentrati, la loro capacità di influenzare l'esito era anch'essa ridotta.

La ricerca di Radin ha dimostrato che non è il nostro stato quotidiano di coscienza che è in grado di "far collassare un'onda in una particella". Ci vuole uno stato più profondamente focalizzato e alterato di coscienza per raggiungere questo obiettivo

Siamo i creatori della nostra realtà

Applicando l'intuizione che mente e materia interagiscono tra loro nella nostra pratica quotidiana di recitare il Daimoku, una preghiera è un'intenzione che può far crollare il vasto numero di possibilità nella realtà concreta. Gli stati e le esperienze potenziali nel campo energetico possono manifestarsi come stati ed esperienze reali nel mondo fisico. Più intensifichiamo la nostra intenzione nella preghiera, più è probabile che essa si realizzi. In questo modo la semplice possibilità può diventare una probabilità più certa. Questo principio viene espresso dai due caratteri *Myō-Hō*. Abbiamo solo bisogno di attivare tale meccanismo.

Doppia realtà

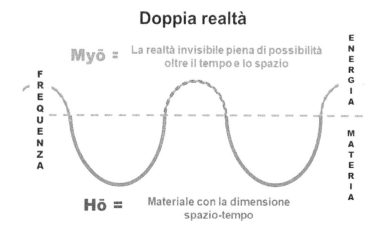

Myō = La realtà invisibile piena di possibilità oltre il tempo e lo spazio

FREQUENZA

ENERGIA
MATERIA

Hō = Materiale con la dimensione spazio-tempo

In questo processo, non importa quanto sembri impossibile il risultato desiderato. L'effetto osservatore implica che se non facciamo alcuno sforzo per creare il nostro mondo con la nostra particolare visione personale e le nostre intenzioni, allora siamo limitati alla realtà di ciò che ci circonda. Alla fine, saremo influenzati e controllati dalle intenzioni e dalla visione della società in cui viviamo, della nostra famiglia, attraverso il nostro karma familiare, dai nostri geni e dal modo in cui i nostri genitori e antenati hanno vissuto la loro vita e sono morti.

Se non esprimi i tuoi desideri e non ti assumi la responsabilità della tua stessa vita, altri decideranno il tuo destino!

L'effetto osservatore dimostra anche che la realtà è malleabile. Recitare Daimoku nello stato di mente coerente libererà la fissazione della nostra mente locale ordinaria con la realtà locale ordinaria e farà riallineare radicalmente la nostra mente ristretta in coerenza e armonia con una mente illimitata non locale. Questo è il momento in cui possiamo espandere il nostro potenziale e manifestare quel potere che può raggiungere lo straordinario.

Infatti, come ci dice Nichiren, abbiamo bisogno del potere della nostra mente subconscia e ancor più del potere della coscienza non locale o della coscienza pura per realizzare o raggiungere effettivamente ciò che desideriamo. Questo è ciò che Nichiren aveva in mente quando ha disegnato per noi l'analogia di una mosca aggrappata alla coda di un cavallo.

> Una mosca blu, se si posa sulla coda di un buon cavallo, può viaggiare diecimila miglia.
> *Adottare l'insegnamento corretto*
> *per la pace nel paese,*
> RSND I, p.18

È allora che lasciamo andare l'illusione di essere solo entità isolate e locali. Siamo un tutt'uno con la mente universale e tutto il disagio che sperimentiamo a livello della nostra mente locale e ristretta si allontana. La vita diventa più facile e le cose cominciano a funzionare. Il tipo di vita che creiamo da una prospettiva così universale è radicalmente diverso da quello che creiamo quando pensiamo di essere solo dei sè locali, isolati.

Il Daimoku è il più potente vettore dei nostri sogni, delle nostre visioni e delle nostre intenzioni!

Esercizio:

Quanta parte della tua attenzione è focalizzata su cose, situazioni o persone legate alla realtà materiale di ogni giorno?

Quanta parte della tua attenzione è focalizzata sul vasto campo di possibilità mentre reciti?

Quanta attenzione presti al tuo campo energetico? Ricorda: se cambi la tua energia, puoi trasformare la tua vita.

Capitolo 9

Aprirsi alla coscienza cosmica

L'ambiente che ci circonda è lo specchio della nostra coscienza

Torniamo all'effetto osservatore. Cosa significa aver scoperto l'effetto osservatore per le nostre vite reali? I ricercatori hanno concluso che non siamo semplicemente degli osservatori passivi come crediamo di essere, piuttosto il contenuto, la natura e l'energia della nostra coscienza si riflettono nelle molteplici manifestazioni delle cose nel mondo reale.

> Come cambierebbero le nostre vite se potessimo utilizzare intenzionalmente l'effetto osservatore per far "collassare" il potenziale illimitato in una particolare realtà desiderata?

Abbiamo davvero preso confidenza con l'idea che mente e materia siano inseparabili? Quante volte dimentichiamo questo aspetto fondamentale quando proviamo a cambiare le circostanze o le persone nella nostra vita? Preferiamo invece attendere nella speranza che le circostanze esterne cambino a nostro vantaggio, anche se sentiamo di non avere quasi nessun controllo sulle circostanze esterne?

Il principio di *Esho Funi* ci dice che ciò che sperimentiamo nel mondo esterno, manifesto, è un riflesso diretto di ciò che stiamo vivendo internamente, nella nostra coscienza. Questo perché, in quanto esseri umani, esistiamo in più dimensioni contemporaneamente. C'è una parte di noi che esiste in forma fisica e che intraprende un'azione concreta. Ma sotto questo aspetto fisico vi è però un'essenza non-fisica, che è il regno interiore in cui i nostri pensieri, emozioni, percezioni, convinzioni e desideri si formano. In effetti, la coscienza dà vita a ciò che è concreto. Il nostro ambiente fisico, quindi, è una manifestazione visibile della nostra realtà vissuta interiore momento per momento. Il principio di Esho Funi ci dice che il nostro mondo interiore e il mondo esterno sono inseparabili e che ognuno interagisce con l'altro, così che l'ambiente circostante influenza la nostra esperienza interiore, mentre l'esperienza interiore influenza anche le nostre circostanze esterne.

Esercizio:

Pensi che il tuo stato interiore influenzi la tua realtà esteriore?

Stai ancora cercando qualcosa al di fuori di te stesso per cambiare il tuo modo di sentirti dentro?

Come vediamo le altre persone?

L'"effetto osservatore" implica che tutto ciò che sperimentiamo come realtà viene modellato dalle nostre osservazioni. Questo principio si applica anche al modo in cui vediamo e sperimentiamo le altre persone. Hai mai considerato che il modo in cui gli altri si comportano nei nostri confronti ha a che fare con il modo in cui *noi* le vediamo? Prendiamo ad esempio il nostro coniuge o i nostri figli. Se li consideriamo stupidi, *noi* li stiamo plasmando in questo modo. Se li consideriamo brillanti, li plasmeremo in quest'altro.

Ricordo una conversazione con un esperto di neurofeedback da cui ci eravamo recati per effettuare una misurazione delle onde cerebrali durante il Daimoku. Mi ha detto che sono stati fatti esperimenti che dimostrano chiaramente che la considerazione o l'aspettativa che un insegnante ha su un bambino influenza in modo significativo il rendimento di quel bambino. In un esperimento, venne riferito ad un insegnante che per le successive due ore avrebbe lavorato con un bambino con difficoltà di apprendimento, specialmente in relazione alla matematica. In realtà, non era affatto vero, in quanto il bambino si era in precedenza comportato eccezionalmente bene, specialmente in matematica. Tuttavia, lavorando con questo insegnante, il bambino iniziò improvvisamente ad avere difficoltà nel capire anche le consegne più basilari. Era evidente che l'aspettativa dell'insegnante aveva comportato un "blocco dell'apprendimento". Ciò implica che ciò che pensiamo degli altri in realtà influenza in misura significativa il loro comportamento e le loro prestazioni.

Eppure, non sembra così quando osserviamo il mondo solo dal punto di vista dei nostri limitati cinque sensi. La realtà oggettiva "là fuori" sembra essere ben definita e precisa. Le persone e le cose intorno a noi appaiono completamente separate da noi. Quante volte abbiamo avuto pensieri del tipo: il mio capo è davvero inaffidabile e questo mio amico è così egoista? Quante volte abbiamo avuto pensieri come: mio marito, o mia moglie, non cambierà mai, scordatelo! Ci dimentichiamo tuttavia che in una realtà basata sull'osservatore è altamente probabile che troviamo proprio quello che stiamo cercando. La domanda più importante è: *noi* cosa stiamo cercando?

Esercizio:

Puoi allenarti a cercare deliberatamente il meglio nelle persone della tua cerchia sociale?

_ _

Ti stai concentrando su qualcosa che vuoi o su qualcosa che non vuoi?

_ _

Ti stai concentrando sulle circostanze di un conflitto con qualcun altro o sulla costruzione di un rapporto più armonioso con quella persona?

Cerca di spostare la tua attenzione su ciò che vuoi e di allontanarti da ciò che non vuoi.

L'eco dei nostri pensieri e delle nostre convinzioni passate

Ho notato che ogni volta che le persone hanno una nuova visione di sé o sviluppano una nuova intenzione mentre recitano, ad esempio "voglio trovare un altro lavoro" oppure "ho intenzione di perdere peso" o ancora "ho intenzione di cambiare la mia relazione con questa persona", cominciano ad essere davvero appassionati. Ci sentiamo determinati e sicuri di andare a cambiare questo particolare aspetto della nostra vita. Siamo carichi di entusiasmo. Continuiamo a recitare per un obiettivo particolare. Le cose sembrano progredire verso il risultato desiderato. Compiliamo domande di lavoro, iniziamo una nuova dieta, ci comportiamo in modo diverso. Ma poi siamo messi alla prova. Sembra accadere sempre così. Stiamo seguendo bene la nostra dieta ed un amico ci invita a consumare un pasto speciale per noi più che allettante. La vecchia eco di tutto ciò che abbiamo fatto, pensato o sentito prima, ora torna a metterci alla prova. Ripercorriamo nuovamente i nostri vecchi modi abituali di pensare e di sentire. Vecchi schemi di credenze potrebbero riaffiorare. "Non sei fortunata nelle tue relazioni" o "non sarai mai veramente felice", o "è molto più difficile per le donne avere successo che per gli uomini".

Tuttavia, mi sono resa conto che qualunque cosa accada, è esattamente quello ad impedirci di progredire. Le nostre vecchie paure potrebbero riaffiorare. È qui che abbiamo bisogno di essere coerenti e raddoppiare il nostro sforzo per modificare la nostra frequenza personale recitando daimoku. Questo è il momento in cui dire a noi stessi, mentre recitiamo: "sì, è questo in realtà che voglio diventare", ci aiuta. Mi sono effettivamente resa conto di come questi momenti particolari ci sfidino a mantenere la nostra nuova visione e frequenza di fronte al potente riflesso della vecchia realtà abituale. È certamente un test. Se non riusciamo a mantenere la nostra nuova frequenza mentre ascoltiamo gli echi del passato di come eravamo soliti pensare e sentire, allora non saremo mai in grado di gestire la nostra nuova realtà. E ora riconosciamo che ogni volta che decidiamo una nuova intenzione o una nuova direzione per noi, giungerà un'eco dal passato. Il nostro partner potrebbe mettere in discussione la nostra decisione di cambiare lavoro e potrebbe dirci che è troppo rischioso. Oppure i nostri amici potrebbero cercare di trattenerci e impedirci di andare avanti. Oppure la nostra macchina si romperà. Queste cose potrebbero risvegliare i nostri dubbi e potremmo pensare: " sii realistico. Ho avuto tante speranze e intenzioni in passato, ma le cose non sono mai andate come avrei voluto". Ma se ci si arrende a questo punto, le speranze e le intenzioni non potranno mai diventare realtà.

Dopo anni di recitazione, ho capito che se ci troviamo di fronte a un ostacolo dopo aver stabilito una nuova visione o intenzione, significa che in realtà stiamo di fatto progredendo in una direzione positiva, nel senso che una precedente convinzione o abitudine negativa viene mostrata in modo che possa essere affrontata come quella che è sempre stata un ostacolo per noi. Tutto ciò che deve essere affrontato e trasformato si manifesterà. Potrebbe trattarsi di vecchi schemi di pensiero negativo e di sentimenti di inutilità o di mancanza di fiducia in se stessi. Quindi dobbiamo mantenere a tutti i costi la nostra nuova visione o intenzione. Dobbiamo sradicare le nostre convinzioni negative e vederle piuttosto come opportunità di autotrasformazione positiva. Dobbiamo credere nel Gohonzon piuttosto che in una qualsiasi delle nostre convinzioni negative. Allora la nostra nuova visione si manifesterà veramente nella realtà.

Esercizio:

Dopo aver stabilito una nuova intenzione mentre recitavi, quali vecchie credenze, pensieri e sentimenti sono emersi come ostacoli per contrastare l'effettiva realizzazione della tua nuova visione?

Decidi uno stato vitale positivo che hai intenzione di far manifestare, del tipo:

☐ Sono in ottima salute.

☐ Vivo nell'abbondanza.

☐ Sono felice.

☐ Sono veramente degno.

☐ Sono ben organizzato.

Osserva i pensieri e le emozioni che emergono anche per ognuna di queste intenzioni. Ci sono anche pensieri negativi del tipo: "Sono troppo vecchio / giovane / grasso / magro / stupido per essere o fare questo? Oppure "Non sono degno"?

Nota che queste sono solo credenze limitanti e non verità immutabili. Non lasciare che ti definiscano, ma concentrati di nuovo sulla tua intenzione originale come quella che veramente definisce la tua realtà.

Questi pensieri ed emozioni si adattano al futuro di cui desideri godere? Scrivi alcuni dei pensieri che NON vuoi più pensare in futuro (ad esempio, non posso farlo. Non sono abbastanza bravo.

Commetterò degli errori. Questa parte della mia vita è terribile, non
cambierà mai...)

La coscienza cosmica ci osserva

Quando ci affidiamo alla Legge Mistica universale rappresentata
nel Gohonzon, ci affidiamo a una intelligenza superiore, che è intimamente consapevole di te e che ti osserva. Essa semplicemente conosce i tuoi desideri e i tuoi sogni. Sa cosa stai pensando
e provando tutto il giorno. Ogni volta che lo sperimenti mentre
reciti Daimoku al Gohonzon, inizi a sentirti collegato a tutti, a tutto
e ad ogni luogo. A volte devi solo lasciarti andare dopo aver stabilito un'intenzione per lasciare che la coscienza cosmica risolva le
cose per te.

Smettila di pensare al "come" i tuoi sogni diventeranno realtà.
Se abbandoni il "come" per la magia della vita, si realizzeranno
più rapidamente. Devi solo avere fiducia. La coscienza cosmica
conosce la tua intenzione e può vederla diventare realtà. Può
organizzare le cose per te, cosa che tu non saresti mai in grado
di fare da solo. La domanda è: puoi aprirti alla coscienza cosmica?

Caso di studio 10:   La coscienza cosmica vi sta osser-
vando

Ho vissuto molto intensamente questo principio durante uno
dei miei soggiorni in Giappone. In quel periodo provavo un profondo desiderio di vedere un "vero" Gohonzon Nichiren. Volevo davvero vedere un "originale" di Nichiren in persona, un
Gohonzon che lui stesso aveva iscritto. Nichiren era diventato
così familiare e così reale per me negli ultimi anni, volevo sentire la sua energia ancora più vicina e forte e mi chiedevo continuamente come avrei potuto vedere un Gohonzon originale,
firmato da Nichiren stesso. Volevo anche vedere un Gosho

originale, uno degli scritti che lo stesso Nichiren aveva scritto.
Sapevo che la sua opera "*Rissho Ankoku Ron*" veniva presentata
al tempio di *Nakayama Hokekyōji*, che è uno dei principali tem-
pli della stirpe dei Toki Jōnin, il 4 novembre di ogni anno, ma
non avevo mai potuto assistervi in quella data. Eppure, ero determinata a tornare il più possibile alla sorgente originaria da
cui tutto aveva avuto origine.

Mio marito Yukio mi fece il favore di chiamare varie istitu-
zioni che potessero rendere possibile la visita a un tale Gohonzon. Ci fu detto più volte che, purtroppo, un Gohonzon originale
di Nichiren non è mai aperto al pubblico in generale, giacché
solo in rarissime occasioni speciali un Gohonzon di questo tipo
può essere esposto pubblicamente. Purtroppo, non in quel momento. Di conseguenza, abbandonai i miei tentativi e stabilii
che al momento non avrei potuto vedere un Gohonzon di Nichiren, sebbene rimanesse nella mia mente una sorta di desiderio di vederne uno prima o poi. Ma abbandonai questo desiderio, perché pensavo che non potesse essere esaudito.

L'ultimo giorno del nostro soggiorno in Giappone, Yukio ed
io decidemmo di tornare a Kamakura perché avevamo scoperto
che lì c'era il posto dove sorgeva la casa di Shijo Kingo. Quel
giorno non facemmo molti progressi. Volevamo passare per Tokyo e poi proseguire verso Kamakura. Ma quel giorno il traffico
era lento e intenso e avevamo bisogno di più tempo del previsto per attraversare Tokyo. Così ci rendemmo conto che non
avremmo avuto abbastanza tempo per andare e tornare da Kamakura in giornata. Riflettemmo sulla strada da prendere e mio
marito seguì improvvisamente una strada che svoltava legger-
mente a sinistra. Alla fine, fummo costretti a fermarci davanti
a un semaforo rosso. Sulla destra, di lato al semaforo, c'era un
grande cartello con su scritto: *Ikegami Honmonji*, il tempio dei
fratelli Ikegami. Non l'avevamo pianificato affatto, ma ora che
eravamo lì, decidemmo istintivamente di seguire il cartello e di
visitare il Tempio dei fratelli Ikegami, piuttosto che andare a Kamakura. Questo accadde assolutamente per caso.

Quando arrivammo lì, c'era una grande sorpresa ad atten-
dermi: proprio quel giorno era stata appena aperta una mostra
di tre giorni sui Gohonzon e Gosho originali di Nichiren. Questi
manufatti estremamente rari e preziosi erano altrimenti completamente inaccessibili al pubblico. Non potevo credere di essere stata così fortunata: il mio desiderio era stato esaudito,
eravamo stati direttamente condotti nel luogo in cui avrei trovato esattamente ciò che avevo messo a fuoco nella mia mente
per settimane: Ho avuto la possibilità di vedere diversi Gohonzon e Gosho originali personalmente iscritti e firmati da Nichiren. Ho sentito l'energia invincibile di questo grande maestro
scaturire dalla sua autentica e peculiare calligrafia. Nichiren divenne assolutamente reale per me.

Questa esperienza mi ha dimostrato
ancora una volta che non dovrei
preoccuparmi tanto del "come",
quando recito, a patto che il "cosa" sia
stato chiaramente focalizzato nella
mia mente. Allora cominciano a verifi-
carsi sincronicità nella nostra vita. Inoltre, questa esperienza mi
ha rivelato un altro principio di cui, fino ad allora, non ero stata
pienamente consapevole.

Una volta che abbiamo stabilito un'intenzione, è essenziale la-
sciarla andare e non afferrarla e aggrapparsi ad essa. È solo il lasciar andare che rende possibile alle cose di manifestarsi concretamente. Una volta lasciata la presa su ciò che desideriamo,

rinunciamo alla nostra ostinazione verso di essa e le cose che desideriamo possono raggiungerci.

> Se stiamo lottando per raggiungere un obiettivo perché siamo emotivamente attaccati ad esso, e se ci affidiamo esclusivamente alla nostra sola forza di volontà, non faremo altro che chiuderci al sostegno della coscienza cosmica

Esercizio:

Come puoi capire se ti stai aprendo alla coscienza cosmica? Hai mai sperimentato una delle seguenti situazioni dopo aver recitato daimoku?

☐ Ho scoperto informazioni giuste al momento giusto.

☐ Ho provato un maggiore senso di gioia e leggerezza.

☐ Ho notato che mi sono venute in mente nuove idee.

☐ Ho sperimentato un miracolo o una sincronicità.

☐ Ho ricevuto una guida da qualcuno o qualcosa al di fuori di me.

☐ Ho avuto improvvise intuizioni su un problema di vecchia data.

☐ _ _ _ _ _ _ _ _ _ _ _

Capitolo 10
A cosa si rivolge la nostra attenzione?

La chiave del successo è focalizzare la nostra mente cosciente
sulle cose che desideriamo e non su quelle che temiamo.

- Brian Tracy

Su cosa si concentra la nostra attenzione?

Torniamo al duplice aspetto del mondo materiale. Il duplice
aspetto di onda-energia e particella fisica, che è una delle scoperte fondamentali della fisica quantistica, indica un fatto sorprendente. In sostanza, è abbastanza semplice: le onde di energia
diventano particelle fisiche semplicemente attraverso l'osservazione:

Una cosa particolare appare nel nostro mondo,
quella su cui concentriamo la nostra attenzione

È stato il dottor Gary E. Schwartz, direttore del Laboratorio per
i progressi nella coscienza e nella salute del Dipartimento di Psicologia dell'Università dell'Arizona, a scoprire che un'intenzione
produce una certa configurazione di fotoni ed elettroni. Questo
significa che noi produciamo energia elettromagnetica con le nostre intenzioni, cosa determinata non solo dalla nostra attenzione
cosciente, cioè da quella di cui siamo consapevoli e a cui prestiamo attenzione, ma anche dal nostro subconscio. Con speciali
telecamere CCD, il dott. Schwartz ha effettivamente catturato immagini di luce emanata da persone che inviano pensieri positivi
ad un'altra persona, ad esempio un'intenzione di guarigione.

È la nostra attenzione a determinare e creare la nostra realtà. Il
dottor Schwartz ha dimostrato nella sua ricerca che ciò su cui ci
concentriamo aumenta la densità dei fotoni - in altre parole -

quando la nostra mente è attenta a qualcosa, la nostra attenzione riorganizza i fotoni a livello energetico. Le nostre intenzioni si attualizzano e si manifestano nel mondo fisico, mentre i fotoni e le altre particelle subatomiche si dispongono secondo il nostro pensiero focalizzato.

La nostra energia segue la nostra attenzione. L'universo legge le nostre intenzioni notando la nostra attenzione. Quando Budda ha affermato che "ciò che pensi, diventi", ci ha insegnato il principio di: ciò che intendiamo e ciò che facciamo alla fine ritorneranno a noi.

Qualsiasi sia il nostro obiettivo, creiamo con esso una relazione

Esercizio:

Fate una lista delle cose a cui prestate attenzione ogni giorno.

_____

Quali pensieri vorresti avere e trasmettere a nuove reti nel tuo cervello? (ad esempio: tutto è possibile. Mi accadranno grandi cose. Oggi sarà un grande giorno. Sono stupito di quello che posso fare. La vita è così bella).

_____

Prova a porre tutta la tua attenzione su quei pensieri e di pensarli ancora e ancora.

_____

Quali sono le cose particolari che farai oggi per realizzare le tue aspirazioni e i tuoi desideri?

_____

Prova mentalmente ogni particolare azione e situazione il più spesso possibile.

_____

Riprovando mentalmente nuovi pensieri più e più volte, lentamente costruiamo nuovi percorsi e circuiti neurologici nel nostro cervello. In altre parole, stiamo installando nuovi software nella nostra mente. Questi pensieri diventeranno una nuova voce potente e insistente nella nostra testa, che soffocherà tutti quei pensieri negativi del nostro passato.

La coscienza è energia

Da un punto di vista scientifico, attraverso la neuroplasticità, le nostre intenzioni creano nuove connessioni sinaptiche e circuiti neurali nel nostro cervello, che poi emettono frequenze basate sulla conducibilità elettrica dei potenziali d'azione.

Ogni atto creativo inizia con il pensiero - che sia la nostra nuova casa, il nostro nuovo rapporto o il nostro prossimo progetto professionale. Quando intendiamo fare qualcosa, nel nostro cervello inizia una complessa catena di eventi. I pensieri scivolano attraverso i percorsi neurali. Quando i neuroni si attivano insieme, si collegano e generano campi elettromagnetici. Questi campi sono energie invisibili, ma recenti ricerche dimostrano che influenzano e condizionano le molecole materiali che ci circondano. Perché la coscienza crea.

Il ricercatore medico Dawson Church sostiene che le intenzioni proiettate porteranno a creazioni materiali. Se un'intenzione è particolarmente concentrata e forte, egli sostiene che i cambiamenti desiderati possono essere osservati sotto forma di sincronicità.

L'energia che generiamo determina la natura della nostra realtà materiale. Le nostre intenzioni creano il mondo che ci circonda.

Secondo il dott. Michele Kattke, l'intenzione è una forza creativa universale che genera un'impronta energetica che è una espressione della coscienza. Egli afferma che la firma di frequenza energetica generata da un'intenzione o da un pensiero interagisce con il campo quantistico attraverso reti olografiche quantistiche interconnesse. Questa interazione collega una mente e l'universo nel suo insieme, attirando così frequenze corrispondenti nello spazio e nel tempo attraverso un processo di gravitazione magnetica.

L'intenzione interagisce con il campo quantico, creando così un campo di energia elettromagnetica che attirerà le frequenze corrispondenti.

Questo è esattamente ciò che Nichiren aveva scoperto più di 750 anni fa. Ci ha detto che le nostre preghiere saranno esaudite come un'eco. In altre parole, ci insegna che l'energia dei nostri pensieri, emozioni, parole e azioni attirerà energie simili nella nostra vita.

Esercizio:

A cosa corrisponde la vibrazione della tua energia elettromagnetica?

Corrisponde a ciò che già conosci?

Si abbina con esperienze nuove, sconosciute, eccitanti?

Dove puntiamo la nostra attenzione?

Immaginiamo di voler diventare abbienti. In tal caso, è importante essere consapevoli di quanta energia e concentrazione viene a sottrarsi semplicemente a causa della preoccupazione per il denaro. Essere preoccupati per il denaro non ci renderà ricchi. Mentre recitate, cercate invece di concentrarvi sulla sensazione di avere abbastanza denaro, o di avere un buon lavoro, o su quello che potreste fare per avere abbastanza denaro nella nostra vita, così da non dovervi più preoccupare.

È ciò che stiamo diventando in quel processo ciò che conta di più. Ma cosa succede se, nonostante tutto, ci sentiamo spesso inadeguati o abbiamo timore di non avere denaro a sufficienza? Dobbiamo concentrarci sul nostro obiettivo ogni giorno recitando per andare oltre pensieri e sentimenti come "non ci riesco" o "è troppo difficile". Pensieri come "non sarò mai ricco" o "il denaro è un male" possono ancora sorgere.

Ogni giorno dobbiamo andare oltre i pensieri e le sensazioni di vivere nella precarietà e di avere paura di spendere soldi. In questo processo, tutte le nostre sensazioni di indigenza e di paura possono ancora manifestarsi. Questo è il punto in cui il potere del Daimoku funziona in modo più potente, come "elemento che spezza gli schemi", una questione che abbiamo esplorato nell'ultimo capitolo del nostro libro precedente "Cambia le tue onde cerebrali - cambia il tuo karma. Buddismo Nichiren 3.0". Se ogni giorno creiamo una sensazione di valore e di abbondanza mentre recitiamo, allora stiamo cambiando la nostra vita dall'interno verso l'esterno, e questo si rifletterà nel nostro ambiente, dal momento che non possiamo raggiungere nessuno dei nostri obiettivi senza una corretta focalizzazione.

Esercizio:

Sei pronto a impegnarti al 100% per raggiungere i tuoi obiettivi?

— —

Sei disposto a fare tutto il necessario per raggiungere il tuo obiettivo?

— —

Senti la mancanza di concentrazione? Ti distrai facilmente?

— —

Ottieni una chiara determinazione durante la recitazione e nella vita di tutti i giorni:

Inizia a concentrarti profondamente sulla tua visione mentre reciti.

— —

Smetti di distrarti. Comincia a sbarazzarti di persone, progetti e cose che non ti aiutano a realizzare la tua visione.

— —

La materia e la coscienza non sono separate

Il nostro stato di coscienza è in risonanza con le circostanze, le occasioni e gli stati della nostra vita. Solo quando coltiviamo dentro di noi un chiaro stato di coscienza con l'intenzione di focalizzarci

su una particolare situazione, allora il nostro stato interiore si rifletterà nelle circostanze del nostro mondo esterno.

Se vogliamo cambiare la nostra realtà, allora
il primo cambiamento inizia dalla nostra coscienza

Se desideriamo avere successo, ad esempio, avviando un'im-
presa, allora è importante costruire un sentimento di successo, il
che significa coltivare un atteggiamento positivo nei confronti
delle persone di successo. Se desideriamo essere sani, è necessario sviluppare una consapevolezza vitale della salute e concentrarsi sull'essere sani. Se vogliamo avere relazioni felici, allora
dobbiamo mostrare un reale apprezzamento verso le altre persone.

Così facendo, la qualità della nostra coscienza può essere paragonata a un filtro, attraverso il quale siamo in grado di creare o
percepire correttamente le circostanze esterne della nostra vita.
Cruciale per la nostra vita, sia essa vissuta nell'amore e nella felicità o nella malattia, nella sofferenza e nel conflitto, è in definitiva
la natura della nostra coscienza. Per quanto riguarda la nostra vita
in particolare, questo normalmente si traduce nel pensare sempre che una volta cambiate le circostanze saremo in grado di goderci di una vita piacevole. Eppure, l'effetto dell'osservatore ci
dice che in realtà è vero il contrario: prima dobbiamo essere felici
e poi il nostro mondo esterno si trasformerà. Se spostiamo il centro della nostra attenzione, allora le nostre circostanze esterne
cominciano a cambiare. Naturalmente, le nostre circostanze
esterne potrebbero rimanere sempre le stesse in superficie.
Forse non abbiamo i soldi per fare quel viaggio ai Caraibi, forse
non ne abbiamo il tempo. E quindi siamo più sintonizzati sulla frequenza dei nostri problemi immediati e sulle circostanze attuali,
piuttosto che sulla frequenza emancipatrice dei nostri sogni e
delle nostre aspirazioni positive.

Non lasciare mai che la tua situazione corrente definisca la tua effettiva realtà!

La cosa più significativa è che Daisaku Ikeda ci dice che dobbiamo sempre essere in risonanza con la frequenza dei nostri sogni piuttosto che con la frequenza delle nostre attuali circostanze e limitazioni.

> Che tipo di futuro immagino per me stesso? Che tipo di sé sto cercando di sviluppare? Cosa voglio realizzare nella mia vita? Il punto è dipingere questa visione della tua vita nel cuore quanto più specificamente possibile. Quel "dipinto" diventa esso stesso il modello del tuo futuro. Il potere del cuore ci permette di creare con la nostra vita un meraviglioso capolavoro in accordo con quel modello. *(https://www.ikedaquotes.org)*

Egli non vuole che riferiamo al Gohonzon quanto sono grandi e irrisolvibili i nostri problemi, piuttosto che diciamo ai nostri problemi e alle circostanze quanto è grande il Gohonzon. Ci dice che la fonte della nostra più grande prosperità e ricchezza è questo invisibile processo creativo dentro di noi quando diventiamo co-creatori con il potere universale di Nam-Myo-Ho-Renge-Kyo. Tuttavia, abbiamo ancora bisogno di una visione, un'aspirazione o un'intenzione chiara e positiva affinché la nostra preghiera sia efficace. Di conseguenza, mi sono chiesta a lungo: cos'è in realtà un'intenzione? Ne parleremo più avanti nei capitoli successivi.

Capitolo 11

Myō-Hō in azione: il potere dell'intenzione

> L'invisibile è sempre l'origine del visibile.
>
> – William Tiller

Il potere dell'invisibile

Il termine *Myō-Hō* indica il duplice aspetto della potenzialità e dell'attualità. Per attivare questo meccanismo di creazione della realtà è necessaria la preghiera. Preghiera nel buddismo di Nichiren significa recitare Daimoku con un'intenzione o una visione specifica.

Le nostre intenzioni creano ciò che è stato previsto prima di tutto nel regno spirituale invisibile. Questo è il primo passo essenziale per manifestare i nostri desideri nel regno visibile.

Così intese, le nostre intenzioni e visualizzazioni sono rappresentate dal carattere "Myō", che più in generale rappresenta il regno invisibile in quanto tale. Di conseguenza, la manifestazione effettiva delle nostre intenzioni e delle nostre visualizzazioni è rappresentata dal carattere "Hō", che più generalmente rappresenta la manifestazione reale nel regno materiale visibile in sé. Chiaramente, dobbiamo prima "immaginare" la nostra nuova realtà affinché si manifesti nel regno visibile.

Myō = INTENZIONE, Hō = MANIFESTAZIONE

Come si è visto in precedenza, dietro ogni forma materiale percepiamo che c'è una dimensione non materiale, ma energetica. Infatti ogni forma materiale ha la sua controparte energetica. Esse appaiono insieme come le due facce di una moneta. Il processo di portare qualcosa da uno stato di potenzialità ad uno stato presente di manifestazione richiede una componente essenziale: la nostra osservazione, che si traduce nella nostra intenzione.

Manifestatione delle Intentioni

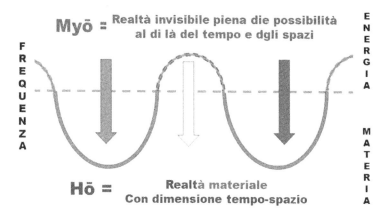

Myō = **Realtà invisibile piena die possibilità al di là del tempo e dgli spazi**

F R E Q U E N Z A

E N E R G I A

M A T E R I A

Hō = **Realtà materiale Con dimensione tempo-spazio**

Solo la nostra osservazione, cioè la nostra aspettativa e la nostra intenzione, può attivare la funzione creatrice di realtà di "Myō-Hō" attraverso la recitazione

---

Quindi dobbiamo avere un'idea chiara di ciò che vogliamo realizzare. Se ci concentriamo su ciò che vogliamo realizzare recitando, ciò si manifesterà in modo concreto? Una corretta comprensione del principio di Myō-Hō ci aiuta a capire ciò che effettivamente si manifesta dal mondo sconosciuto o invisibile al mondo materiale attuale.

Queste nuove idee possono sembrare strane, poiché tendiamo abitualmente ancora a pensare come la gente ha pensato negli ultimi secoli. In effetti, si mina radicalmente la nostra comprensione ordinaria della realtà se si afferma che la realtà delle cose "nel loro nucleo più profondo" ha molto più a che fare con la nostra coscienza di quanto pensiamo di solito. Un fisico quantistico tedesco, il Prof. Hans Peter Dürr (1929-2014), ha così delineato una delle scoperte più fondamentali derivanti dalla ricerca nella fisica quantistica:

> Se continuiamo a scomporre la materia, alla fine non rimarrà nulla che ci ricordi la materia. Alla fine, non c'è più materia, ma solo contorni, forme, simmetrie, relazioni. La materia non è composta di materia! In sostanza, rimane solo qualcosa che è più simile alla spirituale - olistica, aperta, vitale, potenzialità. [...] È la creazione reale: trasformare il potenziale in reale.
>
> Hans Peter Dürr: *Mente, Cosmo e Fisica*

Di conseguenza, dietro la realtà visibile il Prof. Dürr ha ipotizzato una dimensione immateriale invisibile e nascosta che ha chiamato "forza d'azione (Wirkkraft)". Inoltre, questo potere spirituale può essere inteso come il potere della coscienza stessa. Egli

Susanne dialoga con il Prof. Dürr
su Buddismo e Fisica quantistica
Heidelberg, 2013

ritiene infatti che la realtà materiale non sia qualcosa di indipendente dalla nostra coscienza e sulla quale non abbiamo alcuna influenza o controllo, ma piuttosto che la nostra stessa mente abbia un'influenza significativa sulla nostra realtà contingente. Egli ha evidenziato questo come segue:

> La realtà non è una realtà prefissata là fuori, è piena di opportunità fuori e dentro ognuno di noi. Esse possono essere modificate o ridisegnate da ciascuno di noi. Se tutti noi manteniamo una visione di questa realtà molto più aperta, che si trova sia

dentro che davanti a ciascuno di noi, allora finalmente riusciremo a prendere coscienza di un mondo molto più dinamico.

Ibid.

Secondo il Prof. Dürr, sembrerebbe che la coscienza sia più fondamentale della materia. Sembrerebbe anche che l'energia concentrata o l'intento abbia un impatto significativo e misurabile sia sulle persone che sugli oggetti materiali. Forse dobbiamo ripensare la natura stessa della materia. Tutta la materia può benissimo essere coscienza. Esistiamo in un'intersezione tra il fisico e lo spirituale, dove l'intenzione focalizzata può avere un impatto sulla realtà materiale e influenzarla in modo misurabile e visivamente percepibile?

La coscienza influisce sulla realtà fisica?

È possibile che la nostra coscienza abbia un'influenza molto più profonda sulle circostanze della nostra vita di quanto normalmente immaginiamo e che di fatto plasmiamo la nostra realtà attuale con i nostri pensieri e la nostra coscienza? Questa è una domanda che anche diversi scienziati si sono posti verso la fine del secolo scorso.

Con l'obiettivo di indagare il "ruolo della coscienza nella creazione della realtà fisica", nel 1979 è stato lanciato un programma di ricerca sotto la direzione di Robert G. Jahn e della sua collega Brenda Dunne della Princeton University negli Stati Uniti per scoprire se la coscienza umana è in grado di influenzare la realtà fisica. L'effetto osservatore ha fornito una prova evidente che l'attenzione da sola può influenzare la materia.

Di conseguenza, i ricercatori si sono chiesti se un'intenzione concentrata molto precisa fosse ancora più in grado di influenzare la materia. In effetti, su cosa possono influire i pensieri, e i pensieri sono effettivamente in grado di influenzare i semplici processi materiali? Quanto potere ha un pensiero? Volevano davvero scoprire tutto questo. A tal fine, l'intenzione è stata definita come un'azione molto precisa e orientata all'obiettivo.

In contrasto con un mero desiderio, l'intenzionalità è particolarmente caratterizzata da un modo di pensare e di agire altamente motivato e orientato all'obiettivo

---

Influenza mentale sui dispositivi elettronici

Nel loro laboratorio PEAR ("Princeton Engineering Anomalous Research"), per oltre 25 anni, i ricercatori hanno esaminato gli effetti della mente umana su oggetti inanimati, come generatori casuali e dispositivi elettronici. Il loro scopo era quello di scoprire se la coscienza è in grado di influenzare i processi controllati dalle macchine. Facciamo un esempio. I soggetti sono stati messi davanti a uno schermo e sono stati istruiti a cercare di influenzare un dispositivo elettronico in modo tale che una delle due immagini, per esempio, apparisse più spesso. I dispositivi sono stati attivati a caso e in ognuno di essi sono state presentate immagini alternate di indiani e cowboy (in proporzione: 50-50). I partecipanti hanno poi dovuto cercare di influenzare il dispositivo in modo che presentasse più frequentemente immagini di indiani o cowboy. In questo caso, si sono concentrati sul far apparire più frequentemente l'immagine dell'indiano. I risultati sono stati notevoli. L'intenzione umana è stata effettivamente

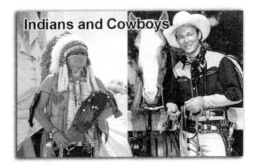

in grado di influenzare i dispositivi elettronici nella direzione desiderata.

Dopo 2,5 milioni di esperimenti controllati, il gruppo di ricerca è giunto alla conclusione definitiva che da sola l'intenzione umana era in grado di influenzare un dispositivo elettronico, in modo tale da ottenere il risultato desiderato. I ricercatori hanno avuto la prova che la coscienza umana può influenzare direttamente la realtà fisica. Hanno concluso che:

La coscienza e la realtà fisica interagiscono tra loro in modo naturale, poiché la nostra coscienza stessa consiste, in ultima analisi, di energia nella sua forma più fine e dinamica

Influenza mentale a distanza su un'altra persona

A loro volta, altri ricercatori si sono concentrati su come i pensieri possono influenzare altri esseri viventi. In questo contesto, lo psicologo americano William Braud ha dimostrato che il pensiero umano può influenzare la direzione in cui nuotano i pesci. È stato anche in grado di dimostrare che una persona può avere un'influenza mentale diretta sul sistema nervoso autonomo di qualcun altro. Le sue indagini hanno dimostrato che chi viene fissato reagisce inconsciamente. Lo ha scoperto misurando la resistenza della pelle e quindi il livello di stress della persona interessata, mentre veniva fissata.

William Braud (1942-2012) ha anche indagato se i nostri pensieri positivi possono avere un effetto su altre persone. Possiamo usare le nostre intenzioni positive per aiutare altre persone? Utilizzando misurazioni con dispositivi di biofeedback, i ricercatori hanno scoperto che le buone intenzioni di un'altra persona possono essere per noi altrettanto efficaci quanto le nostre buone intenzioni per noi stessi. Ulteriori ricerche hanno dimostrato che possiamo influenzare gli altri in modo più potente e positivo ad essere più "ordinati" se noi stessi siamo in armonia, il che implica una coerenza interiore. Più calmi siamo noi, più siamo in grado di calmare le persone mentalmente in difficoltà. Quanto meglio possiamo concentrarci e raggiungere la coerenza, tanto meglio le persone intorno a noi possono concentrarsi e raggiungere la coerenza.

Gli animali possono influenzare un robot

Altri studi hanno persino scoperto che anche gli animali sono in grado di usare le loro intenzioni in modo efficace. Lo scienziato francese René Peoch voleva sapere se l'attività mentale di un pulcino poteva influenzare il movimento di un robot mobile che il pulcino considerava la sua "mamma chioccia", ma che in realtà era controllato da un programma informatico collegato a un generatore casuale.

Dopo aver permesso al robot di correre in modo casuale in un'area chiusa, un pulcino è stato messo in una gabbia. Il robot ha poi iniziato a muoversi (quasi all'80%) più frequentemente verso il pulcino che pigolava nella gabbia. Il pulcino pigolando aveva apparentemente espresso una chiara "intenzione" che la sua "mamma chioccia" si avvicinasse a lei. Se l'intenzione di un animale così piccolo è sufficiente per avere un impatto così significativo su un robot, quanto deve essere più forte l'effetto dell'intenzione umana?

**Il percorso die un generatore die eventi casuali
negli esperimenti con un pulcino**

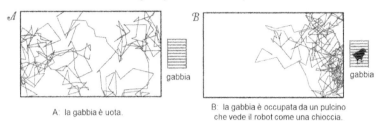

A: la gabbia è uota.

B: la gabbia è occupata da un pulcino
che vede il robot come una chioccia.

I sofisticati esperimenti che gli scienziati hanno condotto in questo campo suggeriscono che la mente o la coscienza umana sembra essere indissolubilmente legata alla materia. La coscienza umana è in grado di influenzare e cambiare la realtà materiale. Recenti ricerche hanno anche dimostrato che gli esseri viventi inviano e ricevono energia.

> La tua intenzione si comporta come un diapason che fa risuonare altre cose nel tuo ambiente alla stessa frequenza.
>
> — *Lynne McTaggart*

Capitolo 12
Che cosa abbiamo in mente?

L'intenzione è un processo di creazione   - *William Tiller*

Il Daimoku amplifica le nostre intenzioni

Nel nostro libro precedente "Trasforma la tua energia - cambia la tua vita - Buddismo Nichiren 3.0" abbiamo sostenuto che i biofotoni siano essenziali per aumentare il campo energetico intorno al tuo corpo. La quantità di energia che hai sembra essere direttamente correlata all'effetto delle intenzioni che emani. Il dottor Gary Schwartz ha infatti dimostrato che i biofotoni sembrano avere un impatto decisivo quando si tratta di aumentare la potenza delle nostre intenzioni. La sua ricerca suggerisce che l'intenzione umana sia una forza creativa attiva che ha un impatto a causa dell'emissione di particelle di luce (biofotoni).

Il professor Fritz Albert Popp considera i biofotoni come una forza vitale energetica che trasmette informazioni all'interno del nostro corpo. Se un'intenzione produce un effetto attraverso l'emissione di biofotoni, allora qualsiasi cosa ci prefiggiamo di fare per realizzarla implica che una parte della nostra forza vitale viene trasmessa a quel particolare obiettivo o visione. Infatti, l'intensità del nostro desiderio sembra direttamente proporzionale alla potenza delle nostre intenzioni focalizzate.

Se non abbiamo un obiettivo o una visione chiara o un obiettivo definito, allora è più probabile che ci sintonizziamo con tutti gli altri flussi di particelle di luce generati dalle intenzioni e dalle visioni di quelle persone che si trovano nel nostro ambiente. Le intenzioni di altre persone si affermeranno energicamente in contrasto con le nostre intenzioni, ostacolando così la manifestazione delle nostre visioni specifiche. Di conseguenza, a questo proposito, è meglio parlare della "determinazione" nel realizzare le nostre visioni in quanto l'intensità della nostra determinazione è caratterizzata da un'energia ad alta densità che le realizza.

Un'intenzione diretta si manifesta come energia elettrica e magnetica e porta ad un'emissione ordinata di fotoni. Le nostre intenzioni sembrano fungere da schemi di frequenza altamente coerenti, capaci persino di modificare la struttura molecolare della materia stessa. La recitazione di Daimoku aumenta energicamente il numero e l'intensità dei biofotoni che emettiamo; e poiché la nostra intenzione focalizzata si manifesta di fatto come un'emissione di tali particelle di luce, chiaramente recitare Daimoku agisce come amplificatore delle nostre intenzioni. Questo è un aspetto di cui sono sempre stata consapevole da quando ho iniziato a recitare. Tale fenomeno viene descritto da Nichiren stesso:

> Non c'è un posto al mondo in cui il suono del Daimoku non possa arrivare. Anche se la nostra voce è debole e bassa, il Daimoku la amplifica al massimo e la porta in tutti i luoghi della grande sfera dei 3.000 mondi. È come se soffiassi la tua voce debole in una conchiglia che porta un suono forte a distanza [...]. Questa è l'importante dottrina di *Ichinen Sanzen*.
>
> Dalle *trascrizioni di Nikō* sulle lezioni di Nichiren sul Sutra del Loto tenute a Minobu tra il 1278 e il 1280

Il Daimoku è un amplificatore e un vettore che trasmette le nostre intenzioni all'intero universo. Successivamente, l'eco del nostro Daimoku ci ritorna da tutti i luoghi e da tutti i tempi

Nichiren ci insegna che le nostre preghiere saranno esaudite come un'eco che segue un suono. Ciò significa che se il suono è debole, disperso o incoerente, anche l'eco sarà debole, dispersa o incoerente. Allo stesso modo, la nostra intenzione può essere forte o debole. Quando mettiamo costantemente in dubbio se la nostra intenzione produrrà un effetto o quando pensiamo a ciò

che non vogliamo invece di ciò che vogliamo, la nostra intenzione
porterà solo a un risultato debole e incoerente. Di conseguenza,
più coerente, chiara e forte è la nostra intenzione, più coerente,
chiaro e forte sarà il risultato e l'effetto nella nostra vita.

L'intenzione ha un ruolo
centrale e forte nella
creazione della realtà ed
è una potente energia in
grado di influenzare e
trasformare il mondo
materiale e tangibile

Il potere di ciò che pensiamo ogni giorno

Molti pensano che l'intenzione nel contesto della recitazione sia
semplicemente un pensiero potente che abbiamo solo quando recitiamo due volte al giorno. Quando recitiamo al mattino ci concentriamo sulla nostra intenzione per quel giorno. La sera ci concentriamo ancora sui nostri obiettivi e su ciò che vogliamo
raggiungere nella vita. Possiamo essere tentati di pensare che
questa sia l'unica cosa che l'universo ascolti realmente.

Tuttavia, tendiamo a dimenticare ciò a cui abbiamo rivolto il nostro pensiero tutto il giorno, di solito inconsciamente. Ho ricevuto
molte domande da parte di persone che mi hanno chiesto perché
le loro speranze e le loro intenzioni, ben precise durante la recitazione, non si fossero ancora realizzate.

Una donna di mezza età, per esempio, mi disse lamentandosi:
"Ogni mattina e sera recito molto ma non sono ancora riuscita a
trovare un nuovo lavoro". In questo caso particolare, ero a conoscenza di quale fosse la tendenza che la ostacolava. Era molto pessimista sulla possibilità di trovare un nuovo lavoro in quanto pensava in continuazione di essere troppo vecchia. Mi chiedevo se
questi pensieri negativi potessero avere un profondo impatto e
un effetto sui risultati della sua recitazione del Daimoku.

Tuttavia, a volte accade l'esatto contrario. Mi sono chiesta più volte come mai, talora, anche se non recitassi consapevolmente per un determinato risultato, alcune volte un sogno o un desiderio inconsci che avevo in mente si realizzavano comunque in modo sincronico e di solito sorprendente.

Caso di studio 11: A cosa stai pensando?

L'ho sperimentato diversi anni fa, quando un giorno ricevetti una telefonata dal segretario dell'Unione Buddista Tedesca, di cui allora facevo parte in qualità di membro del consiglio. Mi fu detto che ero stata segnalata al direttore di una rivista scientifica di recente costituzione, perché cercava qualcuno che scrivesse un articolo sul buddismo e la fisica quantistica. Questo argomento era uno dei miei principali interessi in quel periodo, così lo contattai e gli dissi le mie idee su quel tema. Fu molto contento di pubblicare il mio articolo sulla sua rivista. Dopo l'uscita della rivista, mi chiamò per dirmi che il mio articolo era stato valutato dai lettori come l'articolo più interessante. Rimasi davvero sorpresa.

In quel momento mi resi conto che negli ultimi due mesi avevo spesso pensato tra me e me che mi sarebbe piaciuto pubblicare un articolo su una rivista, scrivendo di spiritualità e scienza. Ed accadde proprio questo.

Avevo la sensazione che questa esperienza avesse molto a che fare con l'espansione della mia coscienza mentre recitavo. Ho notato che ciò che penso e sento durante tutto il giorno costituisce anche un'intenzione che "viene recepita" dalla coscienza cosmica e quindi ha un enorme impatto sulla mia vita.

I nostri pensieri possono viaggiare nel futuro e plasmare la nostra vita? Ci sono prove scientifiche che indicano che le nostre attuali intenzioni possono influenzare gli eventi che si verificheranno. Come descritto nei capitoli precedenti, la realtà non è rigidamente fissa ma altamente mutevole, di conseguenza molto aperta agli influssi e noi siamo al centro dell'intero processo come potenti influenzatori.

Quindi i nostri pensieri e le nostre intenzioni nella vita quotidiana possono agire come un'energia positiva e potente che potrebbe essere in grado di cambiare il nostro ambiente, di curarci l'un l'altro o di influenzare e trasformare la materia in modo determinante?

> Siate vigili, proteggete la vostra mente dai pensieri negativi.
>
> — *Budda*

Sperimentiamo ciò che abbiamo in mente

Non avrei mai pensato che i nostri pensieri, i nostri giudizi, i nostri desideri e le nostre intenzioni fossero in realtà qualcosa di "reale" che potesse toccare fisicamente non solo me stessa ma anche il mio ambiente. Tuttavia, nel corso di molti anni, ho notato un curioso fenomeno sperimentato spesso da chi recita Daimoku. Mi sono resa conto che essi tendono a sperimentare esattamente ciò che hanno in mente, ciò che sentono e pensano da settimane, mesi o addirittura anni.

Per fare un esempio concreto, una donna si chiedeva sempre se il suo matrimonio stesse ancora funzionando e pensava di divorziare. Qualche mese dopo, il marito iniziò una relazione e la lasciò. Alla fine, divorziò. Quando questo accadde, in realtà lei ne fu devastata e le si spezzò il cuore. Eppure, mi venne in mente che questo era esattamente ciò che aveva in mente da molto tempo. Era come se i suoi pensieri fossero diventati realtà.

Cose simili sono accadute anche a persone che avevano pensieri e speranze positive nella loro mente per tutto il giorno. In un altro caso, una donna continuava a parlare di cambiare lavoro e cominciò a studiare. Questo andava contro ogni previsione, perché era una madre single quarantenne con un trascorso da immigrata e lavorava da vent'anni come parrucchiera. Inoltre, la probabilità statistica di essere ammessi all'università era inferiore al 10 per cento. Tuttavia, nonostante queste circostanze difficili, lei si vedeva entrare ed uscire regolarmente dall'edificio dell'università ogni volta che passava davanti al suo ingresso. Continuava a recitare per essere ammessa a questa precisa università, lo immaginava sempre nella sua mente e alla fine ci riuscì.

Abbiamo descritto l'esperienza di questa donna turca nel capitolo 7 del nostro libro "Trasforma la tua energia - Cambia la tua vita: Buddismo Nichiren 3.0". A distanza di quattro anni, ha completato con successo gli studi e quest'anno ha iniziato a lavorare come assistente sociale impiegata presso l'amministrazione comunale. Come è emerso, è stata davvero fortunata ad ottenere il lavoro in questo preciso periodo. Ha iniziato a lavorare il primo marzo di quest'anno (2020) ed esattamente tre settimane dopo è scoppiata la crisi del Coronavirus. Un mese più tardi non sarebbe mai stata assunta, dato che le aziende e le autorità locali erano in isolamento. Né avrebbe potuto continuare a lavorare come parrucchiera, dato che anche tutti i negozi di parrucchieri sono stati chiusi. Soltanto in un secondo momento si è resa conto di quanto sia stata fortunata.

Un'altra donna ha recitato per un lavoro specifico nella speranza di ottenerlo. Fu molto precisa nelle sue intenzioni mentre recitava. Voleva guadagnare una determinata somma di denaro, avere dei colleghi cordiali e un lavoro significativo da svolgere, dato che fino ad ora aveva lavorato per un'agenzia di spedizioni, lavoro che non considerava molto interessante. In seguito, cominciò disperatamente a cercare il lavoro che sperava e fece diverse domande di lavoro. Il giorno dopo fu invitata a un colloquio di lavoro e si scoprì che il lavoro che le era stato offerto soddisfaceva tutti i criteri specifici per cui aveva recitato. Il lavoro le era stato offerto da una società che produceva software per psicologi. Considerava molto prezioso e significativo lavorare per aiutare gli psicologi. Così accettò il lavoro e iniziò a lavorare una settimana dopo.

Tutte le esperienze sopra descritte mi hanno fatto capire che non solo i nostri pensieri consci, ma anche quelli inconsci, riguardanti le nostre circostanze e le altre persone, influenzano profondamente le nostre relazioni attuali e il mondo di tutti i giorni.

La nostra mente può letteralmente plasmare il nostro destino.
I pensieri sono così potenti che hanno anche un impatto
immediato sul nostro corpo fisico

I nostri pensieri vengono costantemente trasmessi

In generale, siamo portati a credere che i nostri pensieri appartengano semplicemente al nostro mondo interiore. Ho sempre creduto che qualsiasi cosa pensassi durante il giorno, come giudicassi in segreto le persone, qualsiasi cosa desiderassi per me stessa e tutte le mie molte intenzioni e speranze, fossero contenute nella mia testa e che quindi fossero completamente inaccessibili agli altri. Non avrei mai immaginato che gli altri potessero sapere cosa stessi pensando. Eppure, più recitavo Daimoku, più mi rendevo conto che spesso riuscivo a percepire ciò che le altre persone sentivano e pensavano. Mi sono anche resa conto che i miei pensieri e i miei sentimenti non sono solo rinchiusi nel mio cervello o nel mio corpo. Anche le altre persone potevano percepirli.

L'ho sperimentato ancora una volta il giorno in cui ho fatto un piccolo test con mio marito. Eravamo in un ristorante in attesa che il pasto fosse servito. Ho usato questo tempo per scoprire se potesse davvero leggere i miei pensieri. Gli ho detto che avrei concentrato i miei pensieri su un oggetto che era particolarmente importante per me e che avrebbe dovuto cercare di scoprire cosa fosse. Ho chiuso gli occhi e ho visualizzato con grande intensità il braccialetto d'oro di mia madre, che aveva indossato per tutta la vita. Mi chiedevo se mio marito potesse sentire o "vedere" il braccialetto a cui stavo pensando. Sapeva che stavo pensando a un oggetto che lui avrebbe dovuto scoprire. Dopo un po' disse che era strano, ma che un'immagine di mia madre continuava a venirgli in mente e che si sentiva obbligato a pensare a mia madre. Quasi rabbrividivo. Avevo pensato al braccialetto di mia madre e mio marito aveva colto perfettamente il contenuto emotivo di ciò a cui avevo pensato. Aveva anche recuperato una determinata informazione e il suo contenuto emotivo provenienti dal passato, poiché mia madre era morta molto tempo prima e mio marito non l'aveva mai realmente incontrata.

Esercizio:

Fai questo test con un amico e scopri se il tuo amico può dirti cosa stai pensando in quel momento. Qual è stato il risultato?

I nostri pensieri sono contagiosi

Spesso pensiamo di inviare i nostri pensieri di forza, le nostre speranze e le nostre specifiche intenzioni solo quando recitiamo la mattina e la sera Eppure, in realtà, ogni giorno trasmettiamo le nostre intenzioni. Trasmettiamo e riceviamo informazioni in ogni momento. Le nostre trasmissioni vengono registrate e ricevono una risposta. Perché siamo tutti parte di una rete psichica interconnessa. Ma cosa significa veramente? Beh, è molto semplice. Significa che i nostri pensieri e le nostre emozioni sono altamente contagiosi.

Allora cosa trasmettiamo alle persone della nostra vita? Per esempio, cosa hai pensato di quelle persone della tua vita che non sembrano mai fare progressi? A proposito di una figlia che non mette mai in ordine la sua stanza? O di un marito che non aiuta

mai a lavare i piatti? Ci sentiamo frustrati per questo? E cosa trasmettiamo a causa della nostra frustrazione? Cosa pensiamo se-
gretamente nella nostra mente? Tendiamo a pensare che i pensieri siano chiusi nella nostra testa, eppure trovano comunque la
loro strada nella coscienza altrui. Pensiamo che i nostri sentimenti
e pensieri più intimi resteranno sconosciuti agli altri. Sembrerebbe invece che siamo tutti intimamente connessi a livello psi-
chico, intuitivo. Infatti, i nostri pensieri e sentimenti sono percepiti e riconosciuti dagli altri. Ci chiediamo perché non riceviamo
molti riconoscimenti sul lavoro, mentre il nostro collega sì? La
vera domanda non è forse quali sono i nostri sentimenti e i nostri
pensieri interiori riguardo al nostro capo ed al lavoro? Il nostro
capo potrebbe aver compreso a livello non dichiarato ed energetico il nostro risentimento interiore e le critiche nei suoi confronti.
La vera questione è quali sono i pensieri e i giudizi segreti che for-
muliamo sulle altre persone del
nostro ambiente. Tali pensieri
segreti si manifestano di fre-
quente nel comportamento
delle persone che ci circondano.

I nostri pensieri vengono tra-
smessi ad altre persone

Esercizio:

Scrivi i tuoi pensieri sulle persone più vicine a te nel tuo ambiente
più prossimo. Quali sono i tuoi pensieri segreti su di loro?

_ _

*Immagina che un'altra persona sappia quali sono i tuoi sentimenti
e pensieri interiori. Come reagiresti se fossi in lei?*

_ _

Riesci a percepire un cambiamento nel comportamento di una persona o nella sua situazione in generale quando reciti per la felicità di questa persona in particolare?

- -

Fai un esperimento riguardante un'intenzione. Concentrati sulla realizzazione degli obiettivi e desideri del tuo amico mentre reciti. Osserva se lei o lui inizia a comportarsi in modo diverso nei tuoi confronti.

- -

Capitolo 13
Il potere dell'intenzione focalizzata

> L'intenzione è un processo di creazione.   — *William Tiller*

La nostra coscienza è parte della coscienza cosmica

Immagina l'universo come un vasto oceano di coscienza, di cui siamo parte e in cui siamo connessi con tutto il resto, proprio come lo descrive Nichiren:

> È chiamata Legge Mistica perché rivela la relazione di mutua inclusione tra un singolo momento di vita [un cuore] e tutti i fenomeni. [...] La vita in ogni istante permea l'intero regno dei fenomeni e si manifesta in ognuno di essi.
> *Il conseguimento della Buddità in questa esistenza,* RSND I: 3

La nostra capacità di avere un'intenzione specifica costituisce una parte molto significativa di questa coscienza. La scienza oggi ci dice che è la nostra intenzione a esercitare un'infinita funzione di coordinamento all'interno di questo vasto oceano di coscienza. Si è scoperto che le nostre intenzioni deliberate possono far sì che le nostre visioni si manifestino come realtà e che in questo modo possiamo realizzare cose al di fuori dell'ordinario.

Nell'ultimo decennio, questo argomento ha attirato una crescente attenzione da parte dei ricercatori. Ora ci si sta chiedendo: che cos'è un'intenzione? Cosa determina la sua forza e i suoi effetti? Molti credono che un pensiero o un'intenzione siano in realtà un'energia tangibile che può avere un impatto fisico diretto sugli eventi, così come sugli esseri viventi e non viventi.

Ci sono scienziati che dicono che l'intenzione umana esista in forma fisica

Tra questi scienziati c'è il dottor William Tiller, professore eme-
rito di fisica alla Stanford University, che voleva *scoprire se la nostra intenzione cosciente potesse influenzare il mondo materiale.*
Egli indagò su cosa *fosse* la coscienza chiedendosi cosa *facesse*
realmente. La nostra coscienza realizza le cose tramite intenzionalità. Il dottor Tiller ritiene che avere un'intenzione chiara e focalizzata richieda una mente ferma. Allora, gli effetti dell'intenzione possono risultare piuttosto sorprendenti. Quello che scoprì
fu davvero rivoluzionario.

Ai partecipanti dei suoi corsi fu richiesto di concentrarsi su situazioni specifiche e inviare un'intenzione particolare all'acqua.
Per esempio, ai partecipanti è stato chiesto di cercare di alzare o
abbassare intenzio-
nalmente l'acidità
(Ph) dell'acqua, o di
aumentare l'atti-
vità di un partico-
lare enzima epa-
tico. È stato anche
chiesto loro di ten-
tare di modificare
la produzione di
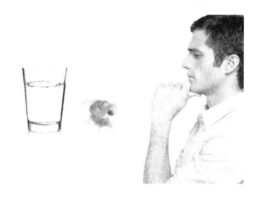
ATP (adenosina trifosfato) nelle larve di mosca della frutta, in
modo da consentire loro di maturare più rapidamente. I risultati
sono stati sorprendenti.

Tramite l'intenzione focalizzata, i partecipanti riuscirono effettivamente ad alzare o abbassare il pH dell'acqua di un'unità e ad
aumentare l'attività degli enzimi epatici del 30%. Riuscirono inoltre a fare maturare più rapidamente le larve della frutta. I risultati
registrati sono stati significativi, poiché la possibilità statistica di
eventi casuali era inferiore a uno su 1000.

L'intenzione umana si imprime nello spazio circostante

Inoltre, gli esperimenti del dott. Tiller portatorono ad un'altra scoperta significativa. Le menti dei partecipanti erano in grado di influenzare gli eventi in modo più efficace e rapido quanto più frequentemente venivano ripetuti gli esperimenti. L'ambiente in cui sono stati condotti gli esperimenti sembrava essere condizionato dalle menti dei partecipanti. Lo stesso sembra valere anche per l'ambiente o i luoghi in cui avviene la guarigione.

> La coscienza umana condiziona effettivamente
> e "plasma" lo spazio vuoto

Il Dr. Tiller ritiene che questo fenomeno dimostri che atti intenzionali intensamente ripetuti aumentino la quantità di "carica" elettrica e attivino una sorta di coerenza o principio organizzativo, cioè una coerenza che cambierà i processi termodinamici materiali di un particolare luogo. In effetti, tale coerenza tendeva ad aumentare più l'atto d'intenzione si ripeteva. Sono infatti tali stati di coerenza a rendere particolarmente forti le nostre intenzioni.

> Finché il cambiamento previsto è visualizzato chiaramente, la convinzione è forte e la forza emotiva dietro l'intenzione è sia focalizzata che sostenuta, la tua intenzione può cambiare il tuo ambiente.
> — *William Tiller*

Questo spiega anche perché la recitazione del Daimoku sembra agire come un amplificatore del contenuto informativo e dell'energia dei nostri pensieri e sentimenti che stiamo proiettando nella coscienza universale. I risultati ottenuti con le misurazioni delle onde cerebrali indicano che questo è ciò che accade, in quanto sembrerebbe che entriamo in un particolare stato coerente delle onde cerebrali quando recitiamo.

Inoltre, rispetto ai risultati del dott. Tiller, si potrebbe dire che più coerente è il nostro cervello mentre recitiamo e proiettiamo un'intenzione, più energia abbiamo per influenzare e imprimere l'ambiente intorno a noi o ovunque vengano proiettate le nostre intenzioni. Infatti, l'effetto è simile a quello di un laser, dove le onde di un campo ambientale diventano più ordinate. Effettivamente l'intenzione sembrerebbe propagarsi attraverso lo spazio circostante, come un intenso, preciso fascio mirato di luce. Così, la ricerca del dott. Tiller prova che dovremmo considerare l'intenzionalità come uno dei principali fattori che influenzano la nostra vita personale e quella degli altri.

> Negli ultimi quattrocento anni, un presupposto non dichiarato della scienza è che l'intenzione umana non può influenzare ciò che chiamiamo "realtà fisica". La ricerca sperimentale condotta nell'ultimo decennio mostra che, per il mondo di oggi e nelle giuste condizioni, questa ipotesi non è più corretta.
>
> – *William Tiller*

Immagina solo cosa significa questo per l'ambiente in cui viviamo o lavoriamo. L'intenzione può anche essere negativa. Quando litighiamo continuamente a casa o proviamo rabbia nei confronti dei nostri colleghi e del capo, possiamo anche influenzare lo spazio fisico della nostra casa e del nostro ufficio e chiunque successivamente soggiornerà in questi ambienti avrà più probabilità di essere frustrato o arrabbiato. Lo stesso accade quando manifestiamo amore e apprezzamento verso le persone con cui viviamo e lavoriamo. Condizionamo positivamente l'ambiente che ci circonda e viviamo insieme in modo più armonioso.

Il lavoro di Tiller dimostra che dovremmo apprezzare quanto siano cruciali i nostri atteggiamenti mentali quando svolgiamo i nostri compiti quotidiani

Il potere di uno spazio sacro

Il concetto di "spazio condizionato" fu esplorato per la prima volta dall'ex psicologo di Princeton, il dott. Roger Nelson, il cui obiettivo professionale era lo studio dell'intenzione e del ruolo della mente nel mondo fisico. Tra le altre cose, egli indagò se ci fosse una speciale "carica" nei posti particolari che vengono generalmente considerati "luoghi sacri". Dopo alcuni esperimenti, giunse alla conclusione che questi luoghi contenevano una "coscienza di campo" dotata di un alto volume di energia coerente. Questo poiché l'intenzione positiva e l'azione di pregare sembrano condizionare uno spazio e rendere la sua energia più vitale e coerente.

Ho sperimentato una così vibrante, positiva e chiara energia seguendo le orme di Nichiren sul monte Minobu. Dopo essere saliti lungo un ripido sentiero attraverso il bosco, raggiungemmo il luogo dove Nichiren aveva vissuto, in una capanna, tra maggio 1274 e novembre 1281. In piedi davanti a questo particolare luogo, ero profondamente commossa. Ho riflettuto su tutto il Daimoku che recitò in questo luogo particolare, e su come il suo voto e la sua intenzione originale e l'energia della sua continua preghiera dovessero ancora essere "immagazzinati" lì. Potevo sentire il "condizionamento" autentico di questo spazio sacro e l'energia dinamica del Daimoku di Nichiren. E in effetti, c'è un'energia eccezionalmente forte che avvolge questo luogo e ti afferra. Non si può resistere.

La tomba di Nichiren a Minobu

Se si prosegue oltre e si sale altri gradini più ripidi, si arriva finalmente alla tomba di Nichiren. Un paio di metri davanti ad essa,
c'è una piccola costruzione in legno dove si può recitare Daimoku
o fare Gongyo. Quando ho recitato davanti alla sua tomba, mi
sono sentita improvvisamente trasportata in una dimensione radicalmente diversa. Mi sentivo in una sfera eterea, caratterizzata
da una incantevole e squisita fragranza. Sembrava di non essere
più su questa rozza Terra. È stata la sensazione più gioiosa e ras-
sicurante che abbia mai provato.

Recitazione del Daimoku davanti alla tomba di Nichiren a Minobu

Allo stesso modo, siamo in grado di condizionare l'ambiente intorno al nostro Gohonzon, il luogo in cui recitiamo ogni giorno
Daimoku. Percepisco chiaramente la differente atmosfera del
luogo in cui è stato recitato tanto Daimoku. C'è una grande ed
elettrizzante energia che rimane per molto tempo. In questo
modo, creiamo il nostro "spazio sacro" intorno al *butsudan*, il nostro altare. Questa è un'ulteriore conferma del principio che Nichiren ha delineato, quando parlava del luogo in cui recitiamo daimoku, come il sacro luogo dell'illuminazione:

> Nell'Ultimo giorno della Legge, non esiste altra torre preziosa che gli uomini e le donne che abbracciano il Sutra del Loto. [...] Abutsubō, Tu stesso sei un Tathagata da sempre illuminato e dotato dei tre corpi. Dovresti recitare Nam-myoho-renge-kyo con questa convinzione. Allora, il luogo dove reciti il daimoku diventerà la dimora della torre preziosa. Il sutra afferma: «Se nelle terre delle dieci direzioni vi sarà un luogo in cui sia predicato il Sutra del Loto, allora la mia torre emergerà e apparirà in quel luogo»   *La Torre preziosa* (All'onorevole Abutsubō)
> RSND I: pp. 264, 265

Il posto davanti al Mandala Gohonzon in cui ci sediamo e recitiamo è sacro perche così viene trasformato nel luogo dove si svolge eternamente la Cerimonia nell'Aria

Il potere contagioso dell'intenzione

È importante ricordare che "pensiero e sentimento" sono equivalenti a "intenzione", sebbene vi sia una differenza di effetto tra i "pensieri ordinari" e i pensieri che sorgono da uno stato di meditazione focalizzata, che si traducono in un risultato chiaramente voluto o in un particolare stato. Questo significa che l'intenzione influisce su ogni aspetto della nostra vita. Ciò è particolarmente importante quando si considerano pensieri e sentimenti negativi, come sentimenti di scarsa autostima e di autodisprezzo o intenzioni negative in generale verso altre persone e cose. Per ognuna di queste sono evidenti le conseguenze, sia per chi proietta le proprie intenzioni, sia per coloro a cui tali intenzioni sono dirette.

I risultati del dott. Tiller hanno dimostrato che per fare sì che un'intenzione risulti efficace, deve essere focalizzata e coerente.

Le intenzioni umane sembrano avere un potere contagioso che influenza il mondo

Questo significa che possiamo usare la nostra intenzione per influire sull'esito di un trattamento medico, far crescere più rapidamente la nostra attività o anche risolvere un conflitto internazionale?

Nichiren ci ha insegnato che siamo in grado di fare tutto questo, se uniamo la nostra intenzione alla potenza del Daimoku.

Non disse a Shijo Kingo che recitare Daimoku con l'intenzione di guarire sua figlia poteva davvero guarirla? Inoltre, Nichiren gli disse di recitare con l'intenzione di superare i problemi con il suo "capo". E infatti, Shijo Kingo risolse i suoi problemi e finì per ottenere il doppio della terra che aveva prima, dopo essersi riconciliato con il suo signore. Egli afferma chiaramente che le nostre speranze e le nostre intenzioni si realizzeranno se recitiamo Daimoku.Tutto questo richiede molta forza, come ha dimostrato la ricerca del dottor Tiller, perché l'intenzione influenza e segna lo spazio nell'ambiente su cui si concentra l'intenzione. Questo può richiedere tempo. Ci si potrebbe chiedere perché a volte le persone non ottengono ciò che vogliono, nonostante abbiano recitato per lungo tempo. Eppure, per attualizzare le nostre intenzioni, dobbiamo sviluppare un'energia dinamica attraverso la pratica quotidiana e non scoraggiarci alla prima o alla seconda battuta d'arresto. Superare i tempi difficili o le battute d'arresto attraverso la pratica costante è l'unico vero cammino verso il successo.

L'effetto rimbalzo della recitazione per gli altri

Noi tutti probabilmente sappiamo per esperienza che ogni tipo di atto altruistico è vantaggioso non solo per gli altri ma anche per noi stessi. In effetti, Nichiren spiega questo principio come un fenomeno naturale:

Se si offre del cibo agli altri, si farà del bene anche
a se stessi, così come, per
esempio, se si accende
un fuoco per gli altri, si il-
luminerà anche la pro-
pria strada.
Sulle tre virtù del cibo,
RSND II, p. 996

Ricordate che l'intenzione riguarda tutto, non solo la persona a
cui viene inviata un'intenzione, ma anche la persona che proietta
le sue intenzioni.

Ricordo che quando ho iniziato a praticare, spesso recitavo insieme a un'altra donna, della quale ho parlato in precedenza. Lavorava come infermiera e aveva superato la sclerosi multipla attraverso la recitazione del Daimoku. Non ho mai dimenticato la
storia che mi raccontò su come è accaduto.

Caso di studio 12:   Recitare Daimoku per la salute delle
                     altre persone

Era stata in ospedale e si sentiva davvero disperata per la sua
situazione. Avrebbe voluto trovare un posto tranquillo dove poter recitare tanto per migliorare la sua situazione. Poi le cose
peggiorarono.

In aggiunta alla sua cattiva salute, un giorno ricevette anche
il messaggio che suo padre si era ammalato gravemente e si
trovava in ospedale. Fu allora che cominciò a recitare esclusivamente per migliorare la sua salute, ogni volta che trovava il
tempo e lo spazio per farlo. Dimenticava completamente la
propria situazione e si concentrava, mentre recitava, solo
sull'invio di un'intenzione di guarigione a suo padre. Recitava
perché superasse completamente la sua malattia e perché
fosse sano e felice in futuro.

Dopo due settimane, qualcosa di miracoloso accadde. Lei
stessa cominciò a migliorare molto nel momento in cui iniziò a

recitare per qualcun altro. La sclerosi multipla andò in completa remissione e da allora non è più tornata. Sembrava che una forza potente fosse stata responsabile di questa cura apparentemente miracolosa: l'effetto di rimbalzo della recitazione per gli altri.

C'è stato un interessante studio del Dott. Sean O'Laoire, uno psicologo clinico in psicologia transpersonale, sugli effetti della preghiera per gli altri e dell'invio di intenzioni di guarigione verso gli altri. Lo studio ha confermato che l'invio di queste intenzioni di guarigione verso gli altri possono avere un enorme effetto positivo sulla persona che le invia. In origine, il dott. O' Laoire aveva progettato di scoprire se coloro che ricevono un'intenzione di guarigione sperimentano un cambiamento nella propria salute o nel loro stato psicologico, come ad esempio una variazione in positivo dello stato d'animo causato da ansia o depressione. Reclutò 90 volontari istruiti a fare visualizzazioni positive e a inviare intenzioni di guarigione a 406 volontari riceventi, ai quali fu richiesto di registrare e scrivere qualsiasi cambiamento nel loro stato d'animo o nella loro salute durante la ricezione delle intenzioni. I risultati sono stati sorprendenti.

Era chiaro che le intenzioni di guarigione avevano avuto un effetto positivo sui destinatari. Tutti i 406 riceventi hanno registrato un significativo miglioramento della loro salute fisica e psicologica. Ma ciò che fu ancora più sorprendente, è che coloro che inviarono tali intenzioni curative si sentivano molto meglio di coloro che le stavano ricevendo. Questo risultato era completamente inaspettato. Il dott. O'Laoire concluse che pregare per gli altri era più vantaggioso che essere il destinatario delle preghiere.

L'intenzione guaritrice ha un effetto specchio. Non solo influenza il destinatario delle nostre intenzioni ma si riflette anche su di noi

La pratica per sé e per gli altri

Sono sempre stata affascinata da questo fenomeno tra i membri della SGI. Ogni volta che qualcuno in un gruppo locale si trova ad affrontare una sfida grave per la salute, i membri si riuniscono e recitano per questa persona. La prima volta che lo sperimentai (e ogni singola volta da allora), mi sentii estremamente sollevata ed entusiasta nel recitare per altre persone. A volte sembra essere il catalizzatore segreto, se reciti per i tuoi obiettivi da molto tempo e nulla sembra cambiare. Mi resi conto che invece di disperarsi, era molto meglio semplicemente "staccarsi da se stessi" e concentrarsi sulla recitazione per la felicità ed il benessere di un'altra persona.

Focalizzarsi troppo sulla nostra intenzione e sull'obiettivo può essere come guardare una pentola che non bolle mai. Recitare per gli altri distoglie l'attenzione da noi stessi per un certo periodo, il che poi consente alle cose di fluire più liberamente. Sembrerebbe che essere di servizio agli altri e recitare per loro sia il segreto del "lasciar andare" e che *non* essere tanto ossessionati dalle nostre intenzioni sia un modo più sicuro per ottenere il risultato desiderato.

Nel riflettere sull'effetto rimbalzo del Daimoku per le altre persone, tuttavia, non dovremmo pensare di aiutare gli altri principalmente per il nostro beneficio personale. La ricerca ha dimostrato che questo effetto rimbalzo si attiva soprattutto se diamo aiuto disinteressatamente, senza aspettarci nulla in cambio. Per Nichiren, si trattava semplicemente della legge naturale che aiutiamo noi stessi quando aiutiamo gli altri e che non possiamo mai essere felici cercando soltanto la nostra felicità. Manifesteremo naturalmente le qualità di un Bodhisattva della Terra, se continueremo a recitare Daimoku. Durante questo processo svilupperemo più rispetto per noi stessi, e più compassione per gli altri. Allo stesso tempo, accumuleremo più fortuna per arricchire la nostra vita.

Viviamo tutti insieme in una società particolare, in un paese particolare e in questo mondo. Di conseguenza, Nichiren fece appello alle autorità politiche del suo tempo affinché adottassero misure per proteggere il paese dai disastri naturali, dalla guerra civile e dall'invasione straniera.

> Se perdeste il paese a causa di un'invasione straniera o la vostra casa per catastrofi naturali, dove potreste fuggire da questo mondo? Se vi preoccupate anche solo un po' della vostra sicurezza personale, dovreste prima di tutto pregare per l'ordine e la tranquillità in tutti e quattro i quadranti del paese, giusto?
>
> Cfr.*Adottare l'insegnamento corretto per la pace nel paese*
> RSND I: p.24

Oggi, nel nostro mondo violento, disordinato e globalizzato, la pace internazionale e la comprensione reciproca sono diventate un'esigenza urgente, se vogliamo garantire la nostra sicurezza e la nostra felicità in questa vita. E questo richiede la propagazione della Legge Mistica che dovrebbe essere realizzata nel profondo di ognuno di noi. In questo senso, stiamo anche cercando di aiutare gli altri a comprendere la profonda e preziosa dignità della propria vita e di quella di tutti gli altri.

Noi contribuiamo alla pace nel mondo pregando per esso
e per il benessere e la felicità di tutti gli esseri sulla Terra

Capitolo 14
Determinare sulla base delle nostre visioni

> Sapere quello che vuoi è il primo passo per ottenerlo.
> — *Oprah Winfrey*

Esprimere il nostro desiderio di godere di una vita produttiva e appagante

Se potessimo avere proprio qualsiasi cosa al mondo, persino fare qualsiasi cosa ed essere chiunque, cosa saremmo? Immagina di camminare in una foresta e all'improvviso un genio appare e chiede: "Posso esaudire immediatamente ogni tuo desiderio! Dimmi solo: cos'è che vuoi?". Sapremmo dare subito la risposta? Abbiamo un'immagine chiara di come sarebbe esattamente? O esiteremmo a dare una risposta perché abbiamo così tanti desideri e sogni che vorremmo realizzare? O forniremmo tante ragioni per cui il nostro desiderio non si potrebbe mai realizzare?

Qualunque sia la ragione che ci viene in mente sul perché realizzare i nostri sogni è impossibile, è un aspetto di quel dialogo interiore restrittivo che impedisce a tanti di noi di immaginare ciò che vogliamo veramente. In tal caso, dobbiamo scoprire quali sono i nostri blocchi interiori. Una volta che abbiamo fatto questo, abbiamo bisogno di fare uno sforzo deciso per superarli.

La domanda "Cosa vuoi veramente?" suona abbastanza semplice, eppure ci sono così tanti fattori che la condizionano, che a volte sembra impossibile dare una risposta definitiva. Di solito siamo troppo coinvolti nelle nostre attività quotidiane stressanti e abbiamo bisogno di staccarci per poterci ritrovare veramente. A questo scopo, sedersi e recitare Daimoku davanti al Gohonzon è il modo migliore per chiederci sinceramente cosa vogliamo veramente. Dopo aver scoperto le nostre personali risposte, possiamo allora cominciare a immaginare la nostra vita futura. Perché la nostra realtà sarà una manifestazione di quelle stesse visioni.

Si tratta di vivere con gioia e consapevolezza ogni momento del nostro quotidiano. Vivere una vita ricca, avere tempo libero ed esplorare i nostri interessi. Si tratta di godersi il tempo con i nostri cari e anche di sperimentare l'avventura nella nostra vita. Si tratta di migliorare la qualità delle nostre vite. Questo comporta anche il mantenersi in buona salute, la forma fisica e il benessere emotivo, oltre a sperimentare emozioni stimolanti in modo costante e vivere in armonia con le persone che amiamo. Significa anche sicurezza finanziaria e perseguimento di una carriera che porti soddisfazione e gioia.

Alcuni elementi di felicità nella vita di tutti i giorni,
anche nel segno della gioia, del divertimento e del piacere

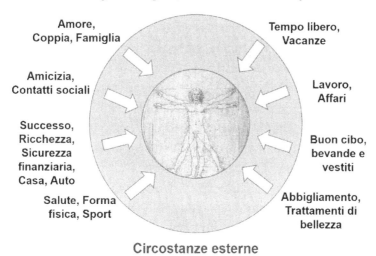

Amore,
Coppia, Famiglia

Tempo libero,
Vacanze

Amicizia,
Contatti sociali

Lavoro,
Affari

Successo,
Ricchezza,
Sicurezza
finanziaria,
Casa, Auto

Buon cibo,
bevande e
vestiti

Salute, Forma
fisica, Sport

Abbigliamento,
Trattamenti di
bellezza

Circostanze esterne

Desideri del genere riflettono il nostro desiderio di rendere la nostra vita piacevole. Ecco perché spendiamo così tante energie, tempo e risorse per cercare di migliorare le circostanze esterne della nostra vita, ad esempio la carriera professionale, le relazioni familiari e personali, il denaro, la salute e le amicizie.

Recitare Daimoku è la base per una vita felice

Tuttavia, sebbene tutte queste cose siano molto importanti per godere di una vita appagante, sono in gran parte elementi di importanza esteriore, cose che hanno a che fare con le nostre circostanze ambientali esterne piuttosto che con fattori che possono davvero renderci felici a lungo termine. Nichiren riteneva che tutte queste cose che si ricollegano alle cicostanze esterne della nostra vita fossero elementi che possono solo portarci una felicità transitoria e superficiale. Esse portano felicità solo in apparenza, o a livello secondario, poiché dipendono tutte, in ultima analisi, da un senso molto più profondo di appagamento interiore e di felicità, la nostra felicità primaria, senza la quale non possiamo godere di nessuna delle benedizioni della nostra vita. Ognuna di queste cose in sé è fragile e transitoria e può perire rapidamente o perdersi facilmente.

Come indicato in precedenza alla sezione "Daimoku è il fondamento della vostra vita quotidiana" nel capitolo 1, Nichiren ci consiglia di considerare le nostre attività quotidiane in sè come una pratica buddista. Ciò significa che dovremmo cercare di soddisfare i nostri desideri e goderci la vita, ma sempre sulla base della nostra pratica buddista. Questo perché potremmo incontrare difficoltà nel processo di realizzazione dei nostri obiettivi e abbiamo bisogno di forza e saggezza per superarle. D'altra parte, anche se potessimo realizzare i nostri desideri, essi non potrebbero mai diventare il fondamento di una vita felice. Questo perché i nostri desideri cambiano, sono molto fragili ed effimeri. Possono essere ben radicati e valorizzati solo grazie alle solide fondamenta della nostra pratica buddista.

> Non c'è vera felicità per gli esseri umani al di fuori del recitare Nam-myoho-renge-kyo.
> *Felicità in questo mondo,* RSND I, p. 607

Recitare Daimoku ti mantiene direttamente legato alla coscienza cosmica illimitata, non locale, che è essa stessa la fonte della "felicità assoluta senza una ragione", poiché ci riempie di una gioia profonda, duratura e appagante, indipendente dagli eventi e dalle vicende della nostra vita ordinaria. Da questo punto di vista, ognuno di noi è essenzialmente buono e dotato di tutto quanto è necessario a diventare appagato e felice. Non abbiamo bisogno di dimostrare il nostro valore personale per quello che abbiamo raggiunto o per quello che rappresentiamo per la società. Dovremmo invece considerare ogni cosa nella nostra vita come un processo di autosviluppo basato su questa profonda convinzione. In definitiva, non è una questione di COSA ABBIAMO o anche di ciò che abbiamo raggiunto. Una simile incrollabile base significa che possiamo essere sicuri e fiduciosi di poter superare qualsiasi difficoltà.

È per questo che Daisaku Ikeda ci incoraggia così:

> Indipendentemente dal tipo di situazione o dalle circostanze in cui ci si trova, l'importante è non essere sconfitti dalla propria timidezza. Una primavera piena di fortuna e benefici arriverà per coloro che continuano ad avanzare con allegro ottimismo, a prescindere da ciò che li aspetta.
>
> Da " *Ai miei amici* ", pubblicato sul *Seikyo Shimbun* il 28 febbraio 2020

La pratica spirituale di recitare Daimoku davanti al Gohonzon
serve come base per una vita felice
quando facciamo sforzi sinceri
per migliorare sia il nostro stato interiore
che le nostre circostanze esteriori

Il nostro livello secondario di felicità

Detto questo, è tuttavia decisamente importante il modo in cui percepiamo e sperimentiamo ogni ambito della nostra vita.

Nessuno di loro dovrebbe essere trascurato. Ad esempio, a cosa serve se facciamo tanti soldi, ma nel farlo abbiamo compromesso la nostra salute? A cosa serve essere in ottima forma fisica se le nostre relazioni ci rendono tristi e infelici? Inoltre, senza un solido background finanziario non possiamo nemmeno permetterci buone cure mediche quando siamo malati o non possiamo goderci una bella vacanza per recuperare le forze. Così, tutti gli aspetti della nostra vita sono interconnessi e dipendenti l'uno dall'altro, cosa che non può essere ignorata se vogliamo che la nostra vita sia piacevole e felice.

Per poter costruire una vita equilibrata, è anche importante per noi lavorare per superare le nostre tendenze karmiche mentre lottiamo per raggiungere i nostri obiettivi di vita nel nostro mondo sociale di tutti i giorni. Supponiamo che ci siamo posti l'obiettivo di avere successo nella nostra carriera professionale. È in quel momento che faremmo meglio a imparare tutte le competenze professionali richieste. Tuttavia, dobbiamo anche migliorare le nostre abilità sociali e di comunicazione con i nostri colleghi, committenti o clienti. Durante l'intero processo di apprendimento e di espansione delle nostre capacità, dobbiamo affrontare il nostro karma, i nostri particolari schemi di pensiero e di comportamento. Di conseguenza, dobbiamo approfondire la nostra pratica buddista per risolvere tutte le difficoltà e per superare le nostre tendenze karmiche. Questa capacità diventa probabilmente la più grande risorsa della nostra vita.

Dobbiamo prendere una decisione chiara

Avere un'intenzione precisa esige di essere chiari su ciò che vogliamo. Una genuina intenzione è una visione chiara di ciò che si desidera. Diciamo che vogliamo

guarire, vogliamo un nuovo lavoro, o vogliamo una nuova relazione. Vogliamo stare bene. Oppure vogliamo vivere in una grande città o avere una casa al mare o in campagna. All'inizio, questa è solo una vaga idea, ma per avere una visione chiara, dobbiamo essere più specifici, secondo quanto afferma la ricercatrice sulle intenzioni Lynne McTaggart.

Prendiamo come esempio un nuovo lavoro. Ci chiediamo per esempio quanto vogliamo guadagnare all'anno? Forse vogliamo avere tre settimane di vacanza all'anno. Questo per diventare più specifici. Potremmo dirci: in questo lavoro preferirei fare molti viaggi di lavoro piuttosto che lavorare sempre in ufficio. Mi piacerebbe lavorare con persone che mi sostengano e mi motivino.

Nel momento in cui ci poniamo ulteriori domande del tipo "come sarebbe avere quel nuovo lavoro", iniziamo a creare *una vera e propria visione* di quel nuovo lavoro. Quando recitiamo, dovremmo riflettere sulla parola "lavoro" o dovremmo avere un'immagine nella nostra mente, un'immagine vivida e peculiare per noi. Perché una simile immagine nella nostra mente contiene tutti quei fattori che ci assicurano di aver creato una visione reale e chiara. È questa visione la nostra vera *intenzione*. Una volta che vediamo un'immagine chiara di ciò che vogliamo mentre recitiamo, essa comincia a trasformarsi in un film vivente, e iniziamo a rendere il nostro sogno una realtà.

Pensa in grande, liberati dalla tua situazione attuale!
Sii risoluto! Genera un'immagine chiara nella tua mente per ogni ambito della tua vita! Visualizza, recita e agisci!

Per poter creare immagini chiare nella nostra mente in ogni ambito della nostra vita, dobbiamo prima di tutto scoprire cosa vogliamo veramente per ognuno di essi. Questo capitolo ci aiuterà a chiederci cosa vogliamo veramente. La maggior parte di noi non si pone più questa domanda perché pensa che lo *status quo* della sua vita sia un dato fisso che non può essere cambiato. Di conseguenza, il primo passo per vivere una vita appagante è scoprire i nostri veri desideri e formulare le nostre intenzioni. E possiamo farlo al meglio recitando Daimoku davanti al Gohonzon.

Anche se ci sono probabilmente molte aree specifiche che sono per noi di particolare rilevanza, abbiamo scelto di concentrarci sulle sei aree più comunemente considerate di particolare importanza per la maggior parte delle persone, ossia: 1) la nostra casa e il modo in cui viviamo per soddisfare i nostri bisogni fondamentali; 2) la nostra salute e il benessere, che forniscono le basi per una vita attiva; 3) le nostre relazioni sentimentali, la famiglia e le amicizie, che forniscono un sostegno emotivo; 4) le nostre finanze, in particolare la nostra sicurezza economica; 5) la nostra carriera professionale, che tende a occupare molto del nostro tempo e delle nostre energie, ed è rilevante per molti altri aspetti della nostra vita, come le nostre particolari abilità e capacità di sviluppo personale; e 6) la dimensione spirituale, che fornisce la base essenziale per una vita piena.

Il nostro prossimo libro, *Buddismo Nichiren 4.1*, prenderà in considerazione in modo più dettagliato il modo in cui sviluppare una visione chiara per ogni ambito della nostra vita, per poter immaginare e creare la vita che sogniamo quando recitiamo. Di conseguenza, il nostro prossimo libro costituirà un modello per progettare la vita che vogliamo veramente. Questo richiede di porci domande dettagliate per ogni area della nostra vita, perché solo così arriviamo a un'idea chiara di ciò che in realtà vogliamo veramente.

Le domande che seguono hanno lo scopo di aiutarci a identificare le nostre particolari intenzioni in ciascuno dei sei ambiti della vita sopra considerati.

1. Come dovrebbe essere la tua casa ideale?

Esercizio:

Cosa intendi per "una bella casa"?

_____

Sei soddisfatto della tua attuale sistemazione abitativa? Abiti dove vuoi veramente abitare?

_____

_____

_____

Vivi nel tipo di casa che desideri veramente?

_____

Che tipo di casa desideri?

_____

Vorresti apportare cambiamenti all'interno della tua casa?

_____

Quali passi sei disposto a compiere per ottenere la tua casa
ideale?

_____

Poni e rispondi a qualsiasi altra domanda che consideri rilevante
per la tua casa:

D: _____

R: _____

La mia casa ideale dovrebbe essere:

2. Quale dovrebbe essere il tuo stato di salute ideale?

Esercizio:

Quali vantaggi comporterebbe per te vivere una vita sana e attiva?

_____

Com'è la tua salute attuale? Soffri di
qualche patologia?

_____

_____

_____

Sei nella condizione fisica che vorresti avere?

_____

Sei soddisfatto del modo in cui ti prendi cura di te stesso?

_____

Sei fisicamente attivo quanto vorresti essere?

Sei felice della tua forma fisica e del tuo aspetto?

Fumi oppure mangi troppi alimenti confezionati?

Senti di meritare di avere un corpo sano?

Ti prendi del tempo per rilassarti veramente?

Hai un programma di esercizi chiaramente definito a cui ti attieni?

Segui una dieta salutare?

Come gestisci le situazioni emotivamente difficili?

Quali cambiamenti vorresti apportare in merito alla tua salute fisica
e psicologica?

Quanto sei disposto a fare per realizzare la tua visione?

Poniti qualsiasi altra domanda pertinente riguardo alla tua salute, se ne hai una:

D: _____

R: _____

La mia prospettiva riguardo alla mia salute è:

3. Cos'è che vuoi nella tua vita emotiva?

Questa sezione prende in considerazione tre aree della vostra vita affettiva: le vostre relazioni amorose, la vostra famiglia e le amicizie, anche se naturalmente queste aree spesso si sovrappongono e non possono essere nettamente separate le une dalle altre.

1)   Relazioni d'amore

Esercizio:

Cosa significa per te godere di una relazione appagante con un partner basata sull'amore e sul rispetto reciproco?

_ _ _ _ _ _ _ _ _ _ _ _

_ _ _ _ _ _ _ _ _ _ _ _

--- --- --- --- --- --- --- --- --- --- --- --- --- --- --- --- --- ---

Se sei single e vivi da solo, con che tipo di partner vorresti condividere la tua vita?

--- --- --- --- --- --- --- --- --- --- --- --- --- --- --- --- --- ---

Se attualmente hai una relazione, sei contento?

--- --- --- --- --- --- --- --- --- --- --- --- --- --- --- --- --- ---

La tua relazione soddisfa i tuoi bisogni emotivi?

--- --- --- --- --- --- --- --- --- --- --- --- --- --- --- --- --- ---

Temi di essere coinvolto in una relazione tossica che ti mette in pericolo piuttosto che ispirarti?

Che tipo di relazione vorresti davvero?

--- --- --- --- --- --- --- --- --- --- --- --- --- --- --- --- --- ---

Un rapporto stabile e ben fondato su cui puoi contare?

--- --- --- --- --- --- --- --- --- --- --- --- --- --- --- --- --- ---

Cosa faresti o diventeresti per trovare un partner del genere?

--- --- --- --- --- --- --- --- --- --- --- --- --- --- --- --- --- ---

Che cosa cerchi essenzialmente in una relazione?

--- --- --- --- --- --- --- --- --- --- --- --- --- --- --- --- --- ---

Cosa dovresti sviluppare in te stesso per poter instaurare un rapporto di questo tipo?

--- --- --- --- --- --- --- --- --- --- --- --- --- --- --- --- --- ---

Poniti qualsiasi altra domanda pertinente rispetto alle tue relazioni, se ne hai:

D: _

R: _

La mia relazione ideale dovrebbe essere:

2) Famiglia

Esercizio:

Cosa significa per te avere una famiglia tutta tua?

_ _

_ _ _ _ _ _ _ _ _

_ _ _ _ _ _ _

_ _ _ _ _ _ _

_ _ _ _ _ _ _

_ _ _ _ _ _ _

Da un film comico francese
"Serial bad weddings. Qu'est-ce qu'on a fait au
Bon Dieu?" (2014)

Sei contento della tua situazione familiare attuale?

Ti vedi come un modello per i tuoi figli?

Ti piacerebbe trascorrere più tempo di qualità con la tua famiglia?

Vorresti mantenere un rapporto meraviglioso con i tuoi genitori e gli altri membri della tua famiglia?

Se hai una famiglia con figli, cosa desideri per loro?

Se sei una madre o un padre single, cosa speri da una nuova relazione?

Vivi da solo a causa di una separazione, di un divorzio, della morte del tuo partner o perché i tuoi figli hanno lasciato casa? Cosa stai cercando ora?

Poniti qualsiasi altra domanda che consideri importante, se ne hai una:

D: _____

R: _____

Il mio ideale di famiglia sarebbe:

3)   Amicizia

Esercizio:

Quanto è importante avere
buoni amici con i quali condividere le proprie gioie e i
propri dolori e sostenersi a
vicenda?

_ _ _ _ _ _ _ _ _ _ _ _

_ _ _ _ _ _ _ _ _ _ _ _

_ _

Cosa cerchi in un'amicizia?

_ _

Sceglieresti ancora una volta i tuoi amici attuali?

_ _

Trovi volutamente del tempo da passare con i tuoi amici?

_ _

Ti consideri un buon amico?

Cosa vorresti cambiare rispetto alle tue amicizie?

Cosa fai per far funzionare un'amicizia?

Poniti qualsiasi altra domanda che consideri importante, se ne hai una:

D: _____

R: _____

La mia amicizia ideale dovrebbe essere:

4. Quale dovrebbe essere la tua situazione finanziaria ideale?

Esercizio:

Di cosa ritieni di aver bisogno per essere finanziariamente al sicuro?

Cosa provi quando parli di
soldi?

_ _ _ _ _ _ _ _ _ _ _ _

_ _ _ _ _ _ _ _ _ _ _ _

_ _ _ _ _ _ _ _ _ _ _ _

_ _

Ti senti a disagio o ti senti a tuo agio quando parli di soldi?

_ _

Che cosa realmente pensi dei soldi?

_ _

Credi di meritare la sicurezza finanziaria?

_ _

Soffri abitualmente di problemi finanziari?

_ _

Hai un rapporto sano con il denaro?

_ _

Hai un piano finanziario chiaro per i prossimi cinque anni?

_ _

Credi che creare ricchezza sia una buona cosa?

_ _

Perché vuoi più soldi?

_ _

Come accresceresti le tue finanze?

_ _

Poniti qualsiasi altra domanda che consideri importante, se ne hai una:

D: _

R: _

La mia situazione finanziaria ideale sarebbe:

5. Cosa vorresti per quanto riguarda il tuo lavoro e/o la tua carriera professionale?

Esercizio:

Quali sarebbero secondo te le condizioni di lavoro ideali?

_ _

La tua carriera attuale corrisponde al tipo di lavoro che ti piace?

_____

Sei soddisfatto di quello che stai facendo attualmente?

_____

Perché hai scelto la tua attuale carriera?

_____

Avresti il coraggio di cambiare direzione professionale?

_____

Se così fosse, quale sarebbe il motivo che ti spinge ad accettare una nuova sfida?

_____

In cosa sei veramente bravo?

_____

Cosa vorresti cambiare della tua attuale carriera?

_____

Quali misure saresti disposto a prendere per apportare questi cambiamenti?

_____

Poniti qualsiasi altra domanda importante per te, se ne hai una:

D: _____

R: _____

Il mio lavoro o carriera ideale sarebbe:

---

6. Che cosa cerchi per la tua vita spirituale?

Esercizio:

Cosa significa per te de-
dicarsi a una pratica spirituale?

_ _ _ _ _ _ _ _ _ _ _ _

_ _ _ _ _ _ _ _ _ _ _ _

_ _ _ _ _ _ _ _ _ _ _ _

Qual è la tua ragione particolare per seguire una
pratica spirituale?

_ _

Cerchi una maggiore stabilità emotiva?

_ _

Cerchi un autentico scopo nella vita?

_ _

Vuoi crearti una vita diversa da quella che vivi ora?

_ _

Desideri avere un impatto profondo sulla vita delle altre persone?

_ _

Poniti qualsiasi altra domanda che ritieni importante, se ne hai una:

D: _

R: _

La mia vita spirituale ideale sarebbe:

Capitolo 15
Concentrare la mente sullo spazio aperto

Superare la nostra mente scimmia

Una volta che abbiamo scoperto ed immaginato CIO' che davvero vogliamo, abbiamo già fatto il primo passo decisivo per far manifestare la nostra chiara intenzione. Quali ulteriori passaggi sono allora necessari? COME possiamo realizzare i nostri desideri?

Ormai è chiaro che il metodo semplice della recitazione del Daimoku infatti richiede impegno e regolare pratica se vogliamo raggiungere la padronanza - proprio come l'impegno ad allenarsi regolarmente in qualsiasi arte o sport saprà garantire la competenza e il successo. Ciò che è essenziale è la ferma disciplina di una costante, regolare e intensa pratica insieme all'indomabile spirito di non mollare fino a quando il nostro obiettivo non sarà raggiunto. Anche se stiamo facendo sforzi in questa direzione, ci si può ancora chiedere PERCHE' a volte non sembra funzionare nel modo in cui vorremmo o ci aspettiamo.

In effetti, molte persone spesso ci pongono la stessa domanda, che spesso suona così: "Non riesco a concentrarmi mentre recito e sono sempre inquieto perché ci sono così tanti pensieri e sensazioni che vanno e vengono" oppure "ho recitato in modo molto intenso e sono quasi diventato rauco mentre recitavo ma non è accaduto niente. Cosa sto facendo di sbagliato?" Cerchiamo quindi ora di esplorare insieme come pos-

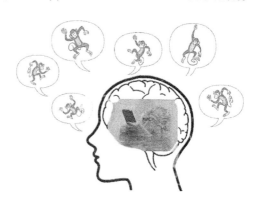

siamo far fronte alla nostra mente scimmia e migliorare la capacità di focalizzare la nostra attenzione.

Stabilire delle priorità

Siamo spesso circondati da innumerevoli distrazioni. Ci sono così
tante cose che richiedono la nostra attenzione. Se stiamo costantemente aggiungendo nuove cose a ciò che stiamo già facendo o
se pensiamo costantemente a diverse situazioni contemporaneamente, iniziamo a sentirci sopraffatti e la nostra energia si di-
sperde. In tale stato, inviamo un segnale debole al Gohonzon riguardo a ciò che vogliamo. È proprio come un segnale radio che
salta da una stazione all'altra, provocando interferenze o distor-
sioni del segnale.

Se ci sentiamo sopraffatti da tante situazioni che necessitano
della nostra attenzione, bisognerebbe dare la priorità in base
all'importanza e all'urgenza. Possiamo per esempio redigere una
lista dei desideri e decidere quale seguire per primo in base alla
necessità. Dovremmo quindi decidere con fermezza a concentrarci prima di tutto sulla priorità più urgente e metterci il massimo impegno.

Esercizio: Dare priorità alle intenzioni.

Se non sai quale intenzione o visione è la più importante, puoi recitare per scoprire la risposta giusta.
Qual è la tua lista dei desideri?

1. _____

2. _____

3. _____

4. _____

5. _

Ricevere indietro l'energia che emetti

Un altro motivo di inquietudine durante la recitazione potrebbe consistere nell'aggrapparsi emotivamente a quelle situazioni che ci turbano per la maggior parte del tempo. Per esempio, potremmo essere preoccupati per una data situazione sul posto di lavoro, riguardo al nostro rapporto con qualcuno o alla nostra attuale situazione finanziaria e via discorrendo. In tal modo potremmo ritrovarci in una continua fluttuazione tra un pensiero e l'altro. È qui che cominciamo a sentirci sopraffatti ed esausti. I nostri sentimenti negativi, come il senso di colpa, il disprezzo, la gelosia, la paura, le nostre ansie, i rimpianti e la delusione riducono la nostra energia e la disperdono. Non ha dunque senso aggrapparsi a tali emozioni in quanto esse non ci forniscono una soluzione ai problemi che stiamo affrontando. Invece di sprecare la nostra preziosa energia vitale, abbiamo bisogno di potenziarla e dirigere il nostro potere creativo verso una nuova visione per il nostro futuro. Per staccare da tutti i problemi attuali e ricevere indietro tutta l'energia dispersa tra situazioni e persone, può essere molto utile fare quest'esercizio.

Esercizio:

Per rendere manifeste le tue intenzioni mentre reciti, hai bisogno di un'attenzione focalizzata e di una maggiore energia. Prima di iniziare a recitare per un obiettivo in particolare, immagina che una calamita dietro i tuoi occhi attiri tutta l'energia verso di te. Richiama tutta l'attenzione e l'energia che stai dando alle cose, alle persone e alle situazioni nel tuo ambiente esterno.

Come ti senti dopo questo esercizio? _ _ _ _ _ _ _ _ _ _ _ _ _ _ _

Focalizzare la nostra attenzione attraverso la respirazione

La respirazione armoniosa gioca un ruolo importante sia nel calmare noi stessi, sia nel concentrare la nostra mente. Per allenare questa capacità prova l'esercizio seguente prima di iniziare a recitare Daimoku:

Esercizio:

Chiudi gli occhi e inspira ed espira delicatamente e lentamente attraverso il naso. Prova a respirare in profondità verso il basso nell'addome. Puoi contare 1, 2, 3, 4, 5, quando inspiri e lo stesso quando espiri. Ripeti questo ciclo di respirazione per 5 minuti. Concentrati solo sulla respirazione e cerca

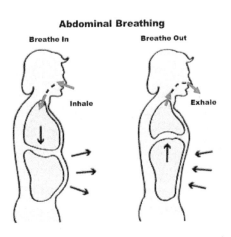

di staccare completamente da eventuali problemi a cui potresti pensare.

Ogni volta che noti che l'attenzione inizia a deviare altrove, poni nuovamente con calma l'attenzione sul tuo respiro.

Come ti senti dopo questo esercizio? _ _ _ _ _ _ _ _ _ _ _ _ _ _ _

Quando percepisci un effetto calmante sulla mente e un acquietamento delle emozioni dovresti continuare con questo esercizio per un po'.

La necessità di diventare tutt'uno con il Gohonzon

Tutte le considerazioni e gli esercizi sopracitati sono importanti per aiutare a calmarci e liberarci dalla mente scimmia iperattiva e irrequieta. Visto in una prospettiva neuroscientifica, se vogliamo migliorare la prospettiva di soddisfare i nostri desideri, è essenziale calmare la nostra mente mutando il modello elettromagnetico del nostro cervello da un'attività di onde cerebrali beta ad alta frequenza ad onde cerebrali alfa a bassa frequenza, o anche theta o delta.

Tenendo presente quanto sopra, è molto importante ancora una volta enfatizzare quanto sia importante raggiungere uno stato di fusione con il Gohonzon, in precedenza descritto come *"Kyōchi-myōgō"*. È essenziale ottenere questo tipo di fusione se vogliamo realizzare le nostre intenzioni e attualizzare le nostre visioni come risultato della recitazione, perché *Nam-myōhō-renge-kyō* è la legge della coscienza cosmica che crea ogni cosa in tutto l'universo. Nichiren iscrisse il suo Mandala come una rappresentazione visiva del meccanismo miracoloso da cui possiamo ottenere benefici, perché quando mettiamo in pratica la Legge mistica ovvero "recitiamo Daimoku al Gohonzon" ci stiamo guadagnando l'accesso diretto alla coscienza cosmica. Ed è solo al livello di tale coscienza e mai a livello della coscienza ego che siamo in grado di attivare il meccanismo miracoloso con il quale possiamo creare il visibile dall'invisibile o attualizzare il nostro potenziale. Questo è esattamente ciò di cui parla Deepak Chopra:

> L'unica preparazione richiesta per liberare il potere dell'intenzione è una connessione al campo dell'intelligenza cosciente. Quando una persona raggiunge un certo livello di coscienza, qualunque cosa intenda fare, inizia ad accadere. Ci sono persone che sono così connesse al campo dell'intelligenza universale che ogni loro intento si manifesta. L'intero ordine dell'universo si orchestra attorno ad esso. La mente cosmica usa le sue intenzioni per realizzare i propri desideri.	 – *Deepak Chopra*

L'intenzione di realizzare le nostre visioni diventa
particolarmente forte quando si unisce al potere della
coscienza cosmica rappresentato dal Gohonzon

Quando recitiamo Daimoku, attiviamo e sveliamo la nostra vera
natura e identità. Quando recitiamo, cambiamo in tutte le aree
della nostra vita poiché il sé che è risvegliato opera oltre lo spazio
e il tempo. Immagina questo sé come il sé connesso. È questa la
connessione che abbiamo cercato per tutta la vita, provando a
trovarla attraverso tutte le nostre relazioni, tutte le nostre attività
e in tutti i nostri beni. Più attiviamo e sveliamo questo sé connesso, più si manifesterà nella nostra vita e scopriremo il luogo in
cui è meglio per noi vivere, troveremo il lavoro più significativo e
le relazioni più appaganti. Di conseguenza, siamo tutti sfidati ad
avere il coraggio di connetterci al nostro vero sé e avere fiducia
nel Mandala Gohonzon, quale mezzo con cui realizziamo la nostra
vera natura.

Esercizio:

Hai fiducia nel Gohonzon e apri il tuo cuore incondizionatamente?
Oppure hai delle resistenze o sei riluttante a farlo?

_ _

Sei disposto a diventare un tutt'uno con il Gohonzon in modo da
conoscere il tuo sé più profondamente, diventando in tal modo più
fiducioso e rispettoso di te stesso?

_ _

Come facciamo a mantenere l'attenzione focaliz-
zata sul Mandala?

La fusione con il Gohonzon è assolutamente essenziale per realizzare le nostre visioni mentre recitiamo. Ogni volta che ci uniamo

ad esso, ci uniamo con la coscienza cosmica. Tutte le cose sono create dalla coscienza cosmica. Nichiren ci dice che Nam-myō-hō-ren-ge-kyō rappresenta la legge della coscienza cosmica. Se la mettiamo in pratica diventiamo allora parte attiva in questo processo creativo universale.

Prova il seguente esercizio per allenare la tua consapevolezza di come funziona l'attenzione focalizzata.

Esercizio

Prova semplicemente a focalizzare tutta l'attenzione sul carattere *Myō* del *Daimoku* al centro del Gohonzon mentre respiri profondamente e lentamente per 5 minuti, senza recitare.

Se noti che la tua attenzione va altrove ed è occupata da altri pensieri, riportala delicatamente al centro del Gohonzon. Quante volte l'attenzione concentrata su *Myō* è stata distratta?

Se continui con questo esercizio e annoti ogni giorno quante volte distogli l'attenzione, puoi stimare quanto sei stato in grado di sviluppare un'attenzione più focalizzata.

Data	No.	Data	No.	Data	No.	Data	No.
1)		6)		11)		16)	
2)		7)		12)		17)	
3)		8)		13)		18)	
4)		9)		14)		19)	
5)		10)		15)		20)	

Come ti sei sentito riguardo all'esercizio di concentrare la tua attenzione al centro del Gohonzon? Potrebbe riportare la tua attenzione di nuovo al centro di esso? Se sì, hai fatto tutto ciò in un modo stressante o rilassato?

Mantenere la nostra attenzione sul Gohonzon è importante. Ma ancora più cruciale è *come* intendiamo recitare al Gohonzon, cioè *come* formiamo e dirigiamo la nostra consapevolezza.

La vera domanda è: quando recitiamo, ci aggrappiamo in modo rigido o flessibile al Gohonzon?

Un'attenzione stretta aumenta lo stress

Quando Nichiren parlò di una "*forte fede come un arco forte con una corda robusta*" (vedere pagina 39), decisamente non stava parlando di una postura rigida. Né il termine "Ichinen" indica una "determinazione" fanatica e inflessibile, poiché una forte fede esclude un atteggiamento rigido, stressato o forzato quando focalizziamo la nostra attenzione.

Quando recitiamo, se ci concentriamo troppo strettamente e rigidamente nel disperato tentativo di trovare una soluzione ai nostri problemi, diventeremo troppo iperfocalizzati e i nostri muscoli saranno tesi.
Rimarremo inquieti e stressati, per cui non saremo in grado di fonderci con il Gohonzon.

Secondo il Dott. Les Fehmi, psicologo clinico e ricercatore nel campo dell'attenzione e della formazione al biofeedback alla Princeton University, il modo in cui prestiamo attenzione ad una situazione o ad un oggetto ha un effetto misurabile sulle nostre onde cerebrali. Quando restringiamo la nostra attenzione, attiviamo il nostro modello primordiale di sopravvivenza, cioè la nostra risposta di lotta o fuga, che ci fa sentire un intenso stress.

a stragrande maggioranza di noi presta attenzione al nostro mondo esterno ed interno in un modo molto ristretto, limitato e teso, in cui il fuoco della nostra attenzione è troppo ridotto. Un esempio di attenzione o di focalizzazione così ristretta è quando ci concentriamo su una o più cose importanti in primo piano nel

nostro campo visivo e igno-
riamo tutte le altre dimensioni del nostro ambiente,
spingendole sullo sfondo
della nostra esperienza.
Più la nostra attenzione è
ristretta, più ci separiamo
dal nostro ambiente reale
e dall'oggetto della nostra
consapevolezza.

La ristrettezza cronica dell'attenzione consuma una grande
quantità di energia e molti di noi non sono consapevoli dell'ec-
cesso di stress e di tensione che un focus ristretto e persistente
produrrà. Sembra però che ci siamo abituati a tutto ciò. Cercare
costantemente di mantenere una modalità di attenzione così
tesa, tuttavia, ci rende necessariamente stanchi e alla fine ci esaurisce. Ecco che abbiamo allora bisogno di un caffè che stimoli
nuova energia o di una sigaretta o una birra per alleviare il nostro
stress!

Se non riusciamo a trovare sollievo, lo stress si accumula e com-
promette gravemente le nostre capacità e la produttività. Alla
fine, non saremo più in grado di concentrarci correttamente e cominceremo a sentirci depressi e ansiosi, a meno che non siamo in
grado di cambiare radicalmente la nostra modalità di attenzione.
Allo stesso modo, nel momento in cui siamo troppo tesi e iper-
concentrati mentre recitiamo, ci focalizzeremo in modo ristretto
e limitato, così le nostre onde cerebrali rimangono bloccate nelle
alte frequenze beta e noi saremo bloccati in modalità ego. Questo
stato di tensione contraddice e mina radicalmente l'aspetto me-
ditativo della recitazione del Daimoku di fronte al Gohonzon, che
rappresenta l'unità essenziale tra ognuno di noi e l'universo al di
là del livello della nostra coscienza quotidiana. Finché rimaniamo
in questo stato di onde beta elevate, e non siamo in grado di abbassare le nostre onde cerebrali, è fondersi con il Gohonzon.

Abbiamo bisogno letteralmente di ridurle per diventare un tutt'uno con il Gohonzon.

Un'attenzione troppo ristretta non solo allontana l'osservatore dall'oggetto della consapevolezza, ma conduce anche a uno stressante stato di onde cerebrali beta alte. Poi ci si ritrova in modalità ego. Dobbiamo abbassare le nostre onde cerebrali per diventare un tutt'uno con il Gohonzon.

Esercizio:

Come state prestando attenzione in questo momento?

☐ Non riesco a concentrare la mia attenzione sul Gohonzon e spesso rimango irrequieto.

☐ Pongo la mia attenzione soprattutto al centro del Gohonzon e riesco a rimanere concentrato.

☐ Pongo la mia attenzione sull'intero Gohonzon e rimango concentrato.

Come ti senti quando poni la tua attenzione sul Gohonzon in modo concentrato?

☐ Mi sento irrequieto e a disagio.

☐ Mi sento emotivamente ed energeticamente stressato, sopraffatto o annoiato.

☐ Mi sento bene, vigoroso e ispirato.

☐ Mi sento tutt'uno con il Gohonzon e provo gioia e felicità.

☐ Altro: _

Una messa a fuoco aperta dissolve lo stress

Vivere costantemente nella restrittiva, stressante modalità d'emergenza di un fuoco stretto dell'attenzione, ci fa reagire in modo eccessivo quasi a tutto. L'attaccamento abituale ad una modalità così stretta di consapevolezza ci separa e ci isola dal mondo, invece di permetterci di fonderci con esso. Per esempio, questo può accadere se abbiamo un litigio con qualcuno. Hai mai notato che quando pensi a come qualcuno ti ha ferito, ti concentri solo su sentimenti di rabbia e sul fatto di essere stato offeso dall'altra persona?

Ho spesso pensato a come potremmo cambiare la nostra modalità di attenzione per superare la separazione tra noi e il Gohonzon, in modo che, recitando, siamo in grado di fonderci realmente con esso. La risposta può essere trovata nel coltivare una modalità di attenzione più aperta con una focalizzazione diffusa, che ci offre una visione più morbida e molto più inclusiva del mondo. È esattamente come mettere a fuoco l'obiettivo di una macchina fotografica. Possiamo restringere il diaframma della macchina fotografica per ottenere un'immagine nitida di un oggetto o possiamo allargarlo per ottenere una vista panoramica intorno a un oggetto. Quindi, più allarghiamo la messa a fuoco, più siamo in grado di fonderci con il nostro ambiente.

Un focus aperto è uno stile di attenzione inclusivo che simultaneamente permette alla nostra consapevolezza sia forme di attenzione circoscritte che diffuse

Essere attenti allo spazio vuoto dissolve lo stress

Il dottor Fehmi ha scoperto che le nostre onde cerebrali passano immediatamente nello stato di rilassamento delle onde cerebrali alfa, che è la porta d'accesso al nostro subconscio, quando allarghiamo e diffondiamo la nostra attenzione e quando ci concentriamo anche sullo spazio intorno all'oggetto a cui siamo interessati. Applicando la sua intuizione alla nostra pratica buddista Nichiren, si potrebbe provare l'esercizio qui sotto, che può aiutarci ad affinare la nostra consapevolezza quando recitiamo Daimoku.

Esercizio:

Siedi in posizione eretta e rilassati davanti al Gohonzon. Ora parteciperai alla "Cerimonia nell'aria" raffigurata sul Gohonzon. Chiudi gli occhi. Immagina di essere già nell'Aria, nello spazio vuoto oltre questo mondo.

☐ Riesci a sentire e a immaginare lo spazio di fronte a te?
☐ Riesci a sentire e a immaginare lo spazio dietro il tuo corpo?
☐ Riesci a sentire lo spazio sul lato destro del tuo corpo?
☐ Riesci a sentire lo spazio sul lato sinistro del tuo corpo?
☐ Riesci a sentire e a immaginare lo spazio sopra il tuo corpo?
☐ Riesci a sentire e a immaginare lo spazio intorno al tuo corpo?
☐ Riesci a sentire e a immaginare i confini del tuo corpo che si dissolvono nello spazio che ti circonda?

Come ci si sente ad essere dentro e circondati da uno spazio vuoto?

Senti qualche cambiamento nella tensione muscolare, ad esempio sul viso o sul collo?

Un'attenzione più ampia promuove una maggiore sincronicità delle onde cerebrali e permette di aprirci e di fonderci con il nostro ambiente. Le ricerche dimostrano che il modo migliore per ottenere un focus più aperto e diffuso è quello di porre la nostra attenzione anche sullo spazio che sta intorno a qualsiasi oggetto stiamo focalizzando. Possiamo applicare questa capacità di attenzione nella vita di tutti i giorni e utilizzarla mentre recitiamo, quando poniamo la nostra attenzione sul Gohonzon.

Esercizi:

1. Con gli occhi aperti, siedi in posizione garbatamente eretta mentre guardi il Gohonzon posto all'altezza degli occhi. Riesci a porre l'attenzione su "Nam-myō-hō-ren-ge-kyō" al centro del Gohonzon e a consentire alle altre sue parti di diventare lo sfondo della tua consapevolezza visiva?

----

2. Ora prova a invertire questo processo in modo da consentire a "Nam-myō-hō-ren-ge-kyō" nel mezzo del Gohonzon di allontanarsi e consentire alle altre iscrizioni sul Gohonzon, (di cui nell'esercizio 1 si era consapevoli solo come sfondo), di avanzare nella tua consapevolezza. Ciò che era nel mezzo ora è lo sfondo. Quello che era lo sfondo è ora al centro della tua attenzione.

----

3. Sei in grado di prestare la medesima attenzione al Daimoku al centro e allo sfondo del Gohonzon, in modo che l'intero campo visivo sia visto allo stesso modo e simultaneamente senza che nessuna parte del Gohonzon serva da primo piano o da sfondo a qualsiasi altra parte?

----

4. Come ci si sente a uscire da una messa a fuoco ristretta di un oggetto? Avverti un rilassamento della tensione muscolare (ad esempio soprattutto del viso o del collo)?

Capitolo 16

Mettere in moto il meccanismo miracoloso

Diventare una cosa sola con tutto ciò che facciamo

Dobbiamo assumere un atteggiamento di attenzione più rilassato e allo stesso tempo più focalizzato. Così come una messa a fuoco stretta pone una distanza tra noi e ciò che osserviamo, una messa a fuoco aperta e più ampia ci permette di essere totalmente immersi, di fonderci e diventare un tutt'uno con ciò che si osserva. È proprio questa la modalità di attenzione necessaria per fondersi con il Gohonzon e per entrare nello stato di *Kyōchi-myōgō*, a cui abbiamo continuamente fatto riferimento in precedenza.

Questo stato di immersione mentale e di concentrazione assomiglia a quello stato di "flusso" in cui siamo completamente assorbiti da tutto ciò che facciamo. Sperimentiamo questo modo di sentire in ogni attività che svolgiamo con intensa concentrazione. Eppure, in questa modalità, non ci troviamo più semplicemente in uno stato di iper-concentrazione, ma ci addentriamo piuttosto in uno stato di trance in cui la nostra coscienza dell'ego è immersa nella vastità dello spazio.

Ricordando ancora una volta l'esempio della "forte fede come un arco robusto con una corda resistente", è risaputo che un maestro giapponese di tiro con l'arco non cerca deliberatamente di colpire un bersaglio lontano. Piuttosto, percepisce di essere fuso o di essere tutt'uno con il bersaglio, come se fosse immediatamente e vividamente presente

davanti ai suoi occhi, in modo da non poterlo mancare. Questo modo di praticare e di esibirsi sembra essere peculiare del modo giapponese di praticare sport come il *Kyūdō* (tiro con l'arco), il *Jūdō*, l'*Aikidō* e persino il *Sadō* (la cerimonia del tè) e il *Kadō* (Ikebana). In tutti questi sport e in tutte queste arti, i praticanti sono addestrati ad essere un tutt'uno e in un flusso armonico con ciò che stanno facendo.

In effetti coltivano uno stato mentale di iper-focalizzazione, che allo stesso tempo è rilassato e privo della presa dell'ego e dello stress. Tali tecniche pratiche consentono di vivere qualsiasi performance sportiva o pratica artistica come una sorta di pratica meditativa.

Avrete notato che tutte le arti e gli sport giapponesi di cui sopra terminano con il suffisso *"dō"*, che significa "via" o "sentiero". Tutte le pratiche buddiste sono anch'esse contrassegnate con lo stesso suffisso, cioè con la denominazione *Butsudō*, che significa letteralmente la via del Budda o praticare seguendo la via del Budda. Di conseguenza, possiamo caratterizzare al meglio la nostra pratica buddista come segue:

> Recitare Daimoku rappresenta un esercizio meditativo caratterizzato da un'intensa concentrazione della mente che è allo stesso tempo una modalità dell'essere molto rilassata e gioiosa, sia nella mente che nel corpo. Siamo in una relazione armoniosa e fluida con il Mandala Gohonzon su cui ci concentriamo, pur essendo pienamente consapevoli dello spazio sacro che ci circonda

Poiché molti hanno riconosciuto l'importanza di diventare un tutt'uno con il Gohonzon come collegamento primario con la coscienza cosmica, molto spesso ci viene chiesto: "Capisco l'importanza di *Kyōchi-myōgō*, ma come posso entrare veramente in questo stato di coscienza? Come ci si sente?". Il prossimo esercizio è pensato per migliorare la tua capacità di entrare in questo stato di coscienza e di fonderti con il Gohonzon.

Esercizio:

Siediti e inspira ed espira attraverso il naso in modo molto lento, delicato e profondo. Concentra semplicemente tutta la tua attenzione sul carattere Myō o sul Daimoku al centro del Gohonzon. Poi incomincia a recitare Daimoku in armonia con il ritmo del tuo respiro! Recita Nam-myō-hō-hō-ren-ge-kyō e immagina di fonderti con il Gohonzon e di essere consapevole del vasto e illimitato universo contenuto nel tuo corpo.

Una simile fusione con il Gohonzon è talvolta accompagnata da particolari modalità di alterazione della coscienza. Per esempio, si può provare 1) una sensazione di unicità tra la mente e il corpo, 2) il Daimoku al centro del Gohonzon può iniziare a tremolare vivacemente, 3) un sentimento di gioia e di immensa felicità o di gratitudine infinita, 4) una sensazione di grande chiarezza mentale, 5) la consapevolezza di un flusso di energia che sale dalla parte inferiore della colonna vertebrale fino alla parte superiore del busto e che passa attraverso la parte anteriore del corpo o lungo la colonna vertebrale stessa, oppure 6) la consapevolezza di un flusso di energia che scorre lungo il corpo dall'alto verso il basso.

Se hai raggiunto uno dei sopracitati stati d'animo o di consapevolezza, che dovrebbero essere intesi come segni di fusione con il Gohonzon, osserva quanto tempo hai impiegato per raggiungere tale stato.

Quanti minuti ti ci sono voluti per raggiungere questo stato?

_ _ _ _

All'inizio, potresti aver bisogno di più di 30 minuti, ma in seguito potrebbero volerci solo 5 minuti o anche un minuto per raggiungere la modalità che va oltre la coscienza ego. Se trovi che questo esercizio sia utile per permetterti di concentrarti sul Gohonzon, allora puoi continuare a farlo per un po'.

Esercizio:

Annota ogni giorno quanti minuti (x 60 secondi) sono stati necessari per raggiungere una sensazione di unicità con il Gohonzon. In questo modo, potrai monitorare fino a che punto hai sviluppato una capacità di attenzione focalizzata.

Data	*sec.*	Data	*sec.*	Data	*sec.*	Data	*sec.*
1)		6)		11)		16)	
2)		7)		12)		17)	
3)		8)		13)		18)	
4)		9)		14)		19)	
5)		10)		15)		20)	

Una preghiera profonda per attivare il meccanismo miracoloso dell'universo

Nel 1273, durante il suo esilio sull'isola di Sado, Nichiren inviò una lettera da Ichinosawa, presumibilmente indirizzata a Shijō Kingo, uno dei suoi fedeli seguaci di Kamakura. Terminò la lettera con il seguente messaggio.

> Sto pregando con tanta convinzione come se dovessi accendere il fuoco con legna bagnata o estrarre l'acqua dal terreno riarso, affinché, nonostante questa sia un'epoca di disordini, il Sutra del Loto e le dieci fanciulle demoni proteggano ciascuno di voi.
> *Rimproverare l'offesa alla Legge e cancellare le colpe*
> RSND I: p. 395

Durante la crisi per il Coronavirus, ho avuto spesso la sensazione che ora ci troviamo effettivamente in *"un'epoca di disordini"*. E così è stato per Nichiren nel XIII secolo. L'intero Paese in cui viveva era devastato da calamità naturali e guerre civili, e i suoi discepoli e seguaci furono costantemente perseguitati e talvolta anche uccisi. Oggi forse la nostra situazione attuale non è così grave e pericolosa come ai tempi di Nichiren. Eppure, ci siamo confrontati con la pandemia del Coronavirus che ci ha minacciati non solo come pandemia infettiva, ma anche in modo negativo dal punto di vista psicologico, sociale ed economico. Poiché la maggior parte di noi è stata costretta a rimanere a casa durante il periodo di isolamento, abbiamo cercato di organizzare sessioni di Daimoku *online* ogni sera per diversi mesi. In questo modo, abbiamo affrontato *"un'epoca di disordini"* recitando Daimoku sia per noi stessi che per tutti gli altri, con lo scopo di liberarci dagli effetti negativi del virus sulla nostra salute, sulle emozioni, sulla situazione economica e sul benessere generale.

Durante queste sessioni, abbiamo recitato Daimoku con profonda sincerità e serietà, per *"accendere il fuoco con legna bagnata o estrarre l'acqua dal terreno riarso"*. Tuttavia, questo non significa che dobbiamo "recitare con una tale determinazione", come se dovessimo risolvere i nostri problemi solo con la nostra forza di volontà e il nostro sforzo. Perché questo tipo di atteggiamento determinato è esattamente il tipo di recitazione che presenta una messa a fuoco ristretta che alla fine finisce solo con lo sfinimento. Questo modo di recitare quasi certamente rimarrà senza risposta e si concluderà con una profonda frustrazione.

Tuttavia, se leggete attentamente la citazione di cui sopra, vi renderete conto del contesto a cui si riferisce Nichiren quando parla di una profonda determinazione per rendere possibile l'impossibile. Egli stesso si è rivolto al Sutra del Loto e ai dieci demoni femminili (*Jurasetsunyo*), le figlie di *Kishimojin*, chiedendo aiuto per la realizzazione delle sue preghiere. Vale a dire, ha attivato di proposito la causa per cui si manifesta il potere illuminante della Legge Mistica, che governa tutte le cose dell'universo, e così facendo ha anche assicurato l'attivazione di tutte le sue funzioni di sostegno. Nichiren vuole farci capire che, recitando in modo così determinato e profondamente focalizzato, possiamo assicurarci l'attivazione di tutte quelle funzioni e quei poteri di sostegno e protezione presenti in tutto l'universo che certamente ci aiuteranno e ci proteggeranno.

Di conseguenza, non veneriamo queste funzioni e questi poteri quando recitiamo Daimoku al Gohonzon. Né chiediamo loro aiuto. Piuttosto, assicuriamo sempre l'attivazione della loro funzione protettiva e di sostegno dovuta solo all'immenso potere della legge mistica allorché recitiamo Daimoku davanti al Gohonzon. Infatti, l'incommensurabile potere della legge mistica trasforma anche le forze e le energie negative in forze ed energie protettive e benevole. Può trasformare l'oscurità in luce.

"Pregare con convinzione come se si volesse accendere un fuoco con legna bagnata" significa recitare Daimoku sulla base di un'incrollabile fiducia nelle forze cosmiche iscritte sul Mandala Gohonzon

Un esercizio meditativo per approfondire la tua preghiera

La consapevolezza che sarete sostenuti dalla sola forza del Daimoku, dovrebbe aiutarvi a liberarvi da uno sforzo limitato e stressante per raggiungere i vostri obiettivi. Per assistervi ulteriormente in questo, vorremmo suggerirvi il seguente esercizio per migliorare il modo in cui recitate Daimoku davanti al Mandala Gohonzon.

Esercizio:

1. Ogni volta che ti siedi davanti al Gohonzon, chiudi gli occhi e per un po' inspira ed espira ripetutamente, molto lentamente e profondamente, prendendo coscienza dello spazio sacro che ti circonda. Stai per partecipare alla Cerimonia nell'aria.

2. Apri gli occhi e comincia a recitare Daimoku, concentrandoti sul Gohonzon. Per i primi 10 minuti limitati a mantenerti un tutt'uno

con il Mandala e goditi la recitazione con armoniosa fluidità, piena di gioia e gratitudine.

3. Mentre riveli la tua identità più intima di Bodhisattva della Terra, potresti prendere coscienza di tutti i poteri cosmici che ti circondano. Ai quattro angoli della tua stanza, i potenti guardiani sono in piedi e ti proteggono da qualsiasi attacco dall'esterno. *Fudo* e *Aizen* stanno lavorando per permetterti di trasformare le tue sofferenze mentali e fisiche in benefici e trasformazioni curative. Tutte le altre forze spirituali ti guidano e ti sostengono attraverso la loro grande saggezza e la loro profonda compassione affinché tu possa realizzare le tue visioni. Stai sperimentando direttamente il mondo dei Mandala di Nichiren, in quanto sei connesso a tutte le cose. Non devi più preoccuparti di nulla. Non sei solo e non ti manca nulla per assicurarti la tua felicità e la tua soddisfazione.

4. Solo dopo questa fase di accesso al Mandala Gohonzon, puoi cominciare a immaginare che le tue visioni si siano già realizzate, dal momento che è in questo momento che godi delle emozioni che provi man mano che la tua visione si realizza. Esprimi i tuoi desideri e non preoccuparti del risultato. Ma staccati da essi e resta concentrato in uno stato di consapevolezza fiduciosa e aperta.

In questa fase, tuttavia, è abbastanza naturale sviluppare alcuni piani salutari che avrebbero un effetto positivo sulle attività ordinarie e quotidiane.

_____

_____

_____

5. Ogni volta che ti viene un'idea stimolante o profonda, è una sfida ad agire. Non esitare mai a continuare con questo processo costruttivo di "prova ed errore", come correttivo dei tuoi piani.

6. Un processo di questo tipo ti rende consapevole in modo del tutto naturale delle tue tendenze karmiche, che sono causa di particolari conflitti e sofferenze. Inevitabilmente, dovrai affrontare anche queste tendenze. Puoi pregare per trovare soluzioni, affidandoti al potere del Daimoku. In questo modo lavorerai alla trasformazione del tuo karma.

7. Alla fine della sessione di Daimoku, puoi semplicemente goderti per un po' l'energia che vibra attraverso il tuo corpo.

Come ti senti ora? _

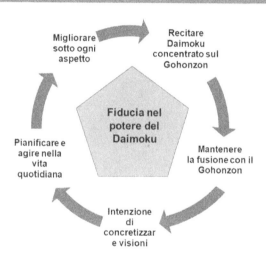

Vi auguriamo di riuscire a realizzare i vostri desideri e le vostre visioni attraverso la pratica di recitare Daimoku al Mandala Go-honzon!

Le sfortune di Kyo'o Gozen si trasformeranno in fortuna. Raccogli tutta la tua fede e prega questo Gohonzon. Allora, che cosa non può essere realizzato?

Risposta a Kyo'o, RSND I: p. 366

Bibliografia e sitografia

Le citazioni relative a Nichiren si basano sulla Nichiren Buddhism Library: http://www.nichirenlibrary.org/en/

LS = The Lotus Sutra

[*Il Sutra del Loto*, Esperia Edizioni, 2014]

OTT = The Record of Orally Transmitted Teachings

[*Raccolta degli insegnamenti orali*, Buddismo e Società, numeri 108-125]

WND = The Writings of Nichiren Daishonin I/II.

[*RSND: Raccolta degli Scritti di Nichiren Daishonin*, Istituto Buddista Italiano Soka Gakkai, Vol.1: 2008, Vol.2: 2013]

Bischof, Marco: *Biophotonen: Das Licht in unseren Zellen*, Zweitausendeins Verlag, Frankfurt am Main, 1995.

Chopra, Deepak, *Das Tor zu vollkommenem Glück – Ihr Zugang zum Energiefeld der unendlichen Möglichkeiten*, München: 2004.

[*Le coincidenze. Per realizzare in modo spontaneo i propri desideri*, Sperling & Küpfer, Milano, 2019]

Chopra, Deepak, *Metahuman: Unleashing your Infinite Potential*, New York: Harmony, 2019.

Church, Dawson, *Mind to Matter: The Astonishing Science of How Your Brain Creates Material Reality,* New York, Hay House Inc., 2018.

[*La forza del cervello quantico. L'incredibile scienza di come la tua mente crea la tua realtà,* My Life, 2019]

Dispenza, Joe, *Ein neues Ich – Wie Sie Ihre gewohnte Persönlichkeit in vier Wochen wandeln können*, Burgrain, 2012.

[*Cambia l'abitudine di essere te stesso. La fisica quantistica nella vita quotidiana*, My Life, 2012]

Dispenza, Joe, *Becoming Supernatural: How Common People are doing the Uncommon,* Carlsbad, California: Hay-House Inc., 2017

[*Diventa supernatural. Come fanno le persone comuni a realizzare cose straordinarie*, My Life, 2018]

Dürr, Hans-Peter: *Geist, Kosmos und Physik. Gedanken über die Einheit des Lebens*, Amerang, Crotona Verlag, 2013.

Dossey, Larry, *Healing Words: The Power of Prayer and the Practice of Medicine* (New York: HarperCollins, 1993).

Fehmi, Les e Robbins, Jim: *The Open-Focus Brain: Harnessing the Power of Attention to Heal Mind and Body*, Trumpeter Books, Boston, 2007.

Hunt, Valerie: *Bioenergy Demonstration*,
https://www.youtube.com/watch?v=_AUqSRVbhC0

Hunt, Valerie: *The Promise of Bioenergy Fields – an End to all Disease*. Intervista con la Dott.ssa Hunt, a cura di Susan Barber:
http://www.spiritofmaat.com/archive/nov1/vh.htm

Ikeda, Daisaku: Intervista con Daisaku Ikeda, "Faith in revolution" dagli editori del giornale online TRICYCLE, inverno 2008.
https://tricycle.org/magazine/faith-revolution/
[*La fede come rivoluzione*, Buddismo e Società n.133 – marzo/aprile 2009 - di Clark Strand]

Ikeda, Daisaku: https://www.ikedaquotes.org/human-revolution/
humanrevolution580.html?quotes_start=7

Kabat-Zinn, John, Davidson, Richard J., Lama, Dalai: Kabat-Zinn, John: *Gesund durch Meditation*, Frankfurt a.M., 8. Aufl., 2010.
[*La meditazione come medicina. Scienza, mindfulness e saggezza del cuore*, Oscar Mondadori, 2015]

Kattke, Michele: *Intention Power of Consciousness is a Universal Creative Force*:   https://www.instagram.com/p/B8cRDhdnPxn/

Kattke, Michele: *Crystallizing consciousness with the universal creative force of intention,* https://www.researchgate.net/
publication/340772456 Crystallizing Consciousness with the Universal Creative Force of Intention

König, Michael, Burnout: *Das quantenmedizinische Heilkonzept*, Scorpio Verlag, München, 2012.

König, Michael: *Der kleine Quantentempel: Selbstheilung mit der modernen Physik,* Scorpio Verlag, München, 2011.

Masaki, Kobayashi and Kikuchi, Daisuke e Okamura, Hitoshi: *Imaging of Ultraweak Spontaneous Photon Emission from your Human Body Displaying Diurnal Rhythm,* PLoS One. Pubblicato online il 16 Luglio 2009. Doi: 10.1371/journal. Pone.0006256.

Matthews, Gail: http://www.dominican.edu/academics/ahss/undergraduate-programs-1/psych/faculty/fulltime/gailmatthews/researchsummary2.pdf

Lazlo, Ervin: *The whispering pond. A personal guide to the emerging vision of science*. Shaftesbury: Element Books, 1995.

Matsudo, Yukio: *Nichiren, der Ausübende des Lotos-Sutra*, Norderstedt 2004 (Taschenbuch 2009). DPI Publishing, 2017.

Matsudo, Yukio: *The Instant Enlightenment of Ordinary People: Nichiren Buddhism 2.0 for the 21st Century*. DPI Publishing, 2017.

Matsudo, Yukio and Matsudo-Kiliani, Susanne: *Transform your Energy – Change your Life: Nichiren Buddhism 3.0*. DPI Publishing, 2016.

[*Trasforma la tua Energia – Cambia la tua Vita: Buddismo Nichiren 3.0*, DPI Publishing, 2017]

Matsudo, Yukio and Matsudo-Kiliani, Susanne: *Change your Brainwaves, Change your Karma: Nichiren Buddhism 3.1*. DPI Publishing, 2017.

[*Cambia le tue Onde Cerebrali, Cambia il tuo Karma: Buddismo Nichiren 3.1*, DPI Publishing, 2018]

McTaggart, Lynne: *Intention. Mit Gedankenkraft die Welt verändern. Globale Experimente mit fokussierter Energie*, VAK Verlags GmbH, Kirchzarten, 2013.

[*La scienza dell'intenzione. Come usare il pensiero per cambiare la tua vita e il mondo*, Macro Edizioni, 2012.]

Meijer, Dirk K. F: "*Consciousness in the universe is tuned by a musical master code, Part 1: A Conformal Mental Attribute of Reality*, Quantum Biosystems | 2020 | Vol 11 | Issue 1 | Page 1- 31.

Meijer, Dirk K. F: "*Consciousness in the universe is tuned by a musical master code*, Part 2: *The hard problem in consciousness revisited*", https://www.researchgate.net/publication/338147415

Meijer Dirk K. F.: *Universal Consciousness. Collective Evidence on the Basis of Current Physics and Philosophy of Mind. Part 1*. ResearchGate, 2019. https://www.academia.edu/37711629/Universal_Consciousness_Collective_Evidence_on_the_Basis_of_Current_Physics_and_Philosophy_of_Mind._Part_1

Meijer, Dirk. K. F. and Geesink J.H.: *Is the Fabric of Reality Guided by a Semi-Harmonic, Toroidal Background Field?* International Journal of Structural and Computational Biology, 2018.

https://pdfs.semanticscholar.org/43a5/
dbabe7ce98c06d45451e2329a19327c42dbc.pdf

Meijer, Dirk K.F. and Raggett, Simon: *Quantum Physics in Consciousness Studies:* http://quantum-mind.co.uk/quantum-physics-in-consciousness-studies-book/

Mingyur Rinpoche, Yongey: *Buddha und die Wissenschaft vom Glück – Ein tibetischer Meister zeigt, wie Meditation den Körper und das Bewusstsein verändert,* München, 4. Aufl., 2007

[*Buddha, la mente e la scienza della felicità,* Sperling & Küpfer, Milano, 2007]

Moorjani, Anita: *Heilung im Licht – Wie ich durch eine Nahtoderfahrung den Krebs besiegte und neu geboren wurde,* München, 5. Aufl., 2012.

[*Morendo ho ritrovato me stessa. Viaggio dal cancro, alla premorte, alla guarigione,* My Life, 2013]

O'Laoire, Sean: "An Experimental Study of the Effects of Distant, Intercessory Prayer on Self-Esteem, Anxiety, and Depression" in: *Alternative Therapies in Health and Medicine* 3 (1997): 38–53.

Popp, Fritz Albert: *Biophotonen- Neue Horizonte in der Medizin: Von den Grundlagen zur Biophotonik,* Haug Verlag, 2006.

[*Nuovi orizzonti in medicina. La teoria dei biofotoni,* Nuova IPSA, 2012]

Radin, Dean: *Consciousness and the double-slit interference pattern: Six experiments:* http://deanradin.com/evidence/Radin2012doubleslit.pdf

Schwartz, Gary E.: *The Energy Healing Experiments: Science Reveals our Natural Power to Heal,* New York, Atria Books, 2008.

Schwartz, Gary E.: Integrating Consciousness into Mainstream Science. https://www.researchgate.net/publication/322072255_The_Academy_for_the_Advancement_of_Postmaterialist_Sciences_Integrating_Consciousness_into_Mainstream_Science

Schäfer, Lothar: *Infinite Potential: What Quantum Physics Reveals about How we should Live,* New York, Random House Inc., 2013. https://www.spiegel.de/wissenschaft/mensch/biophotonen-das-raetselhafte-leuchten-allen-lebens-a-370918.html

Tiller, William: *Science and Human Transformation, Subtle Energies, Intentionality and Consciousness*, Pavior Publishing, California, 1997.

Tracy, Brian: https://www.youtube.com/watch?v=M2tgKZLRq3s

Tracy, Brian: *Ziele: Setzen, Verfolgen, Erreichen*. Campus Verlag, Frankfurt, 2018.

Walker, Scott et al.: "Intercessory Prayers in the Treatment of Alcohol Abuse and Dependence: A Pilot Investigation" in: *Alternative Therapies in Health and Medicine* 3 (1997): 79–86.

Winfrey, Oprah: *The Path Made Clear: Discovering your Life's Direction and Purpose*, Melcher Media, New York, 2019.

Worthington, Everett L. Jr.: New Science of Forgiveness (2004). https://greatergood.berkeley.edu/article/item/the_new_science_of_forgiveness

Gli autori

Dr.ssa Susanne Matsudo-Kiliani

Laureata come traduttrice per l'inglese e lo spagnolo, dottorato di ricerca in Studi di Traduzione e Studi Religiosi specializzati nel Buddismo, Università di Heidelberg. Certificato di competenza interculturale in International Business.

La Dr.ssa Matsudo-Kiliani pratica il buddismo Nichiren dal 1998 e ha vissuto molte trasformazioni benefiche nella sua vita, che continuano tuttora. Come praticante appassionata è stata impegnata nella costruzione di un ponte tra pratica buddista e scienze moderne, che stanno tuttora integrando energia e coscienza.

Dal 2014 al 2016 è stata membro del Consiglio dell'Unione Buddista tedesca (DBU e. V.), anche in qualità di rappresentante, a livello federale, per il dialogo interreligioso, a favore di una migliore comprensione reciproca tra le diverse religioni.

Dr. Abilitato Yukio Matsudo

Dottorato di ricerca in Filosofia e abilitazione alla cattedra post-dottorato sui temi delle Religioni Comparate e Buddismo Giapponese, Università di Heidelberg, Germania.

Dopo aver conseguito il titolo di studio post-dottorato, è stato attivo come docente presso l'Università di Heidelberg sui temi del buddismo giapponese e religioni comparate, dal 2001 al 2014.

Il Dr. Matsudo pratica il Buddismo di Nichiren intensamente dal 1976 ed è stato top leader dell'SGI in Germania a livello federale fino al 2001. Egli ha sostenuto centinaia di persone nella loro pratica. In tal modo è stato in grado di raccogliere concrete ed importanti esperienze.

Il presidente SGI Ikeda gli ha chiesto personalmente di creare e guidare, come Direttore di Ricerca, il Centro europeo dell'Istituto di filosofia orientale (IOP) a Taplow Court, nel Regno Unito. Nel periodo che va dal 1990 al 2000, sulla base dell'approccio moderno, umanistico e aperto di Daisaku Ikeda, ha sviluppato una comprensione innovativa degli insegnamenti buddisti di Nichiren e pubblicato una serie di libri e articoli in giapponese, tedesco e inglese.

Oggi, il Dott. Matsudo è impegnato nella costruzione di un ponte tra buddismo, filosofia occidentale e nuove discipline scientifiche. Da esperto di studi sul buddismo Nichiren, è anche attivo in un gruppo di ricerca in Giappone, in cui gli studiosi di spicco fanno parte delle principali denominazioni delle scuole Nichiren, tra cui la Soka Gakkai (IOP).

Printed by Amazon Italia Logistica S.r.l.
Torrazza Piemonte (TO), Italy

49600027R00127